História de Maria, mãe e apóstola de seu Filho, nos evangelhos apócrifos

SÉRIE COMENTÁRIOS AOS APÓCRIFOS
– *A vida secreta dos apóstolos e apóstolas à luz dos atos apócrifos*
Jacir de Freitas Faria
– *História de Maria, mãe e apóstola de seu Filho, nos evangelhos apócrifos*
Jacir de Freitas Faria
– *Apócrifos aberrantes, complementares e cristianismos alternativos – Poder e heresias!*
Jacir de Freitas Faria
– *Infância apócrifa do Menino Jesus – Histórias de ternura e de travessuras*
Jacir de Freitas Faria

Dados Internacionais de Catalogação na Publicação (CIP)
(Câmara Brasileira do Livro, SP, Brasil)

Faria, Jacir de Freitas
História de Maria, mãe e apóstola de seu Filho, nos evangelhos apócrifos / Jacir de Freitas Faria. 3. ed. – Petrópolis, RJ : Vozes, 2012.

4ª reimpressão, 2025.

ISBN 978-85-326-3364-4

Bibliografia.

1. Evangelhos apócrifos – Comentários 2. Maria, Virgem Santa – Biografia I. Título.

06-4385 CDD-229.807

Índices para catálogo sistemático:

1. Evangelhos apócrifos : Virgem Maria : Biografia : Comentários 229.807

2. Virgem Maria : Biografia : Evangelhos apócrifos : Comentários 229.807

Jacir de Freitas Faria

História de Maria, mãe e apóstola de seu Filho, nos evangelhos apócrifos

EDITORA
VOZES

Petrópolis

Rua Frei Luís, 100
25689-900 Petrópolis, RJ
www.vozes.com.br
Brasil

Editoração: Fernando Sergio Olivetti da Rocha
Diagramação e capa: AG.SR Desenv. gráfico

ISBN 978-85-326-3364-4

Este livro foi composto e impresso pela Editora Vozes Ltda.

A minha mãe, *Luci Luiza de Faria*, ternura de mulher-mãe, santa e lutadora.

A tantas mulheres que, na labuta do dia a dia, exercem com carinho e dedicação o ministério de ser mãe: *Sheyla Almeida, Ágda Araújo, Helena, Nelza, Fernanda, Sara, Dona Lúcia, Márcia Lelis, Conceição Bianchine, Maria Eugênia, Maria José Bacelete, Sueli, Osaka, Lizete Paiva, Valmira Benícia, Diná Nunes, Shirley Aquino, Terezinha Vasconcelos, Sueli Moreira, Divina Alcântara, Dirce Macedo, Naomi Yukawa, Ângela Arruda, Maria do Tijuco, Maria Helena, Edda Miranda, Ângela Maria, Lúcia Helena, Devanir Maria, Cota Paixão, Terezinha Cristina, Antônia Pereira, Maria das Graças, Arléia Aparecida, Branca Pereira, Mariângela Morais, Judith Silva, Alexandra de Fátima, Leda Mota, Áurea Machado, Norma, Maristela Brasil, Terezinha Medeiros, Delorme Sorraggi, Tereza Costa, Maria América, Hélia Alves, Fátima, Josefine, Perpétua Faria, Eva Faria, Conceição Faria, Aparecida Miranda, Vicentina Salviano, Dra. Aline Lauda e Maria Adélia.*

A tantas outras mulheres que, mesmo não tendo gerado um filho no ventre, são verdadeiras mães no coração e na ternura de ser mulher: *Marta Aparecida, Fátima Quadros, Perpétua, Valéria, Tereza Eugênia, Mariana, Lucinha, Miralva, Bárbara Waydowicz, Efigênia Nunes, Ir. Leonida Giovanela, Anízia Angélica, Ivani de Souza, Claraney, Rejane Flávia, Juliana Laborne, Edna Imaculada, Aparecida Soares, Ir. Valéria Botelho.*

Aos meus confrades da Província Santa Cruz que me acolhem com carinho maternal, de modo especial os frades da Fraternidade São Francisco das Chagas, em Belo Horizonte: Fábio L'Amour, Geraldo Portugal, Luciano Brod, José Roberto, Francisco Carvalho, Mariano Gijsen, Cristóvão Pereira, Félix Neefjes, Marcos Monteiro, Flávio Silva, Osório Silva, Hubertino Backes, mas também a Frei Cleto Eggink, Egídio e Pedro Martinho, que já partiram para a morada eterna.

Aos meus novos sobrinhos Alice e João Pedro, mas também Dênio.

Sumário

Introdução

Maria, a mãe! Mãe, a Maria! Mãe de Jesus. Mãe dos cristãos. Mãe de Deus e nossa. Como Maria viveu? Qual é sua história? Podemos reconstituir a história de Maria? Se tomarmos os Evangelhos Canônicos, isto é, os oficiais, com certeza teremos muitos dados sobre a atuação desta mulher ímpar na história do cristianismo. Mas se tomarmos os Evangelhos Apócrifos, aqueles que não entraram na Bíblia? Poderemos reconstituir a história da vida de Maria? Este é o desafio, caro leitor e leitora, que me impus. O resultado do trabalho você poderá averiguar nas páginas de fé que seguem. Eu me apaixonei ainda mais por Maria. Espero que você possa fazer o mesmo caminho. A tarefa não foi fácil. Estamos num terreno novo, o dos apócrifos. Verdade ou não, os que falam de Maria, e são uma dezena, nos trazem luzes novas, complementam a nossa fé mariana. Fé, na maioria das vezes, transmitida na oralidade, mas também transformada em dogma pela Igreja Católica.

Somos cônscios que os Evangelhos Apócrifos foram rejeitados pela Igreja por não terem tratado com suficiente argumentação teológica tanto a humanidade quanto a divindade de Jesus e, de modo extensivo, os fatos da vida de Maria, parte integrante desta história.

Sabedor destes limites, nos propusemos a ler e a reconstruir a história de Maria: concepção, nascimento, infância, adolescência, casamento, concepção de Jesus, apostolado, morte e assunção. Ousaríamos dizer: oferecemos uma história quase completa da vida de Maria, construída com vários textos apócrifos. Um texto foi complementando o outro, os quais foram sendo criticados e comentados por nós. Tivemos a preocupação de manter-nos no caminho da espiritualidade que emerge da vida de Maria, símbolo da humanidade de Deus que se encarna no meio de nós, nascendo da Mulher-Maria, que nos ensina a viver como mãe, na ternura e no afeto de Deus. Não foi nosso objetivo responder aos desafios históricos sobre o papel de Maria na fé dos católicos e evangélicos.

O retrato de Maria que emerge destas páginas "apócrifas" é o de uma mulher preciosa, mãe e apóstola de seu Filho. Mulher liderança. Mulher mãe de um Filho especial. Mulher ternura. Mulher escolhida por Deus para ser a mãe de seu Filho. Mulher reconduzida pelo Filho à Morada de Deus. Mulher pura, sem pecado, santa e consagrada a Deus.

Você, caro leitor e leitora, saberá distinguir o que vale e o que não para a sua fé mariana. Na simplicidade dos apócrifos sobre Maria, cada um de nós – mãe, pai e filho – se verá em Deus, ternura de mãe.

Belo Horizonte, no Natal de Jesus, o Filho de Maria, de 2005.

Frei Jacir de Freitas Faria, OFM
E-mail: bibliaeapocrifos@bibliaeapocrifos.com.br
Site: www.bibliaeapocrifos.com.br

1

Ser Mãe Maria

Maria, rezada e cantada como Nossa Senhora e Mãe, é uma relíquia de fé, presente na nossa vida, herdada da tradição apócrifa. Maria é mãe. Mãe são todas as Marias.

Ser mãe envolve muitos sentimentos. A mãe está no filho que chora, ri, briga, apanha, vence, sonha, perde, frustra... A mãe está em todos as fases de sua vida. Ser mãe é viver a vida em etapas, nas etapas da vida do filho. O filho é quase uma extensão da mãe.

Ser mãe é ser carinho, mas é também frustração. Um dia é como uma vida, nele todos estes sentimentos são vividos na vida de cada mãe.

Ser mãe é quando o filho lhe diz: mãe, você é uma chata! Mas, no fim do dia, ele lhe entrega um bilhete dizendo: "Mãe, eu te amo". Filho e mãe se encontram na vida. Por isso, quando já crescidos e o sofrimento bate em nossas portas, ainda gritamos como a criança insegura: "Eu quero a minha mãe!" Mãe é algo que nunca se esquece. As mães podem até ser substituídas por outras mães que a vida nos presenteia, mas nunca será como aquela que nos gerou. Só quem já entregou para Deus-Mãe a sua mãe sabe o quanto dói a ausência daquela que lhe deu a vida.

Ser mãe é não ter armas para atirar contra o filho, pois o amor a desarma sempre. Mãe é aquela que impõe limites ao filho, pois a sua experiência lhe ensinou que o mundo tem limites. O filho tem que aprender a lição cedo, pois senão o mundo o devorará violentamente. E quantas mães sofrem por saber que, apesar de terem ensinado esta lição ao filho, a droga do mundo o tragou.

Ser mãe não é padecer no paraíso, mas é amar e aceitar os limites da vida. É viver no paraíso da vida, aqui e ainda não, no mistério de Deus que se encarnou no meio de nós no seio de uma mulher, Maria-Mãe.

Ser mãe de um filho adotivo ou de um gerado no seu próprio seio é a mesma coisa. O instinto maternal está na mulher. Ela tem maior preocupação com os filhos. Verdade, no entanto, é que mãe viúva de marido vivo sofre duas vezes para realizar o seu instinto maternal.

Ser mãe é a coisa mais maravilhosa do mundo!, dizia-me uma mãe: "Uma mulher, mesmo que não casasse, mãe ela deveria ser. É uma experiência que não tem explicação!"

Ser mãe é sinônimo de noites maldormidas, quando o filho chega. É dias e noites inteiras na preocupação com o filho adolescente.

Ser mãe é ensinar, educar amando e impondo limites. Ser mãe é errar na lida com os filhos. É reconhecer o seu limite como educadora. Ser mãe é ver seu filho na droga e na prostituição, sem nada poder fazer. O filho decidiu por isso. O que fazer? Nada e tudo!

Ser mãe é ter que trabalhar fora para sustentar o lar. É chegar em casa e também ter que trabalhar. É não ter descanso. Graças a Deus que os novos homens já partilham o trabalho doméstico. Isso também é ser mãe.

Ser mãe Maria é parecer com Maria, outrora Mãe de Jesus, e ainda hoje mãe de tantos jesuses que padecem como filhos, que vivem no calvário de uma vida sem fim.

Ser mãe é também não aceitar perder o filho já crescido, que por força da natureza há de seguir outros caminhos para gerar outras vidas.

Mãe é mulher. Mulher é mãe, nascida para gerar a vida e perpetuá-la. Pode parecer machismo dizer assim, mas fomos nós, os homens, que reduzimos a magnitude de ser mãe a uma cama, uma cozinha e uma casa. Sem a mulher, todas as Evas, geradoras de vida e mães da vida, a vida não existiria no meio de nós.

Existem mães santas e mães pecadoras. Minha mãe é uma santa. Ela sofre e ama. Ela não mede esforço para estar com Deus. Na sua piedade, ela reza o terço todos os dias. Deus é sua força! Tem lá os seus erros e "cabeçudisses", mas quem não tem. Ela governa a casa com sabedoria. Ela enfrenta a dor, a doença com uma força que só poderia vir de Deus. Ninguém duvida. Ela bebe da fonte perene de vida maternal, Deus.

Maria viveu como mãe de Jesus. Ela amou, sofreu, teve fé, aceitou os mistérios de Deus em sua vida... Ser Mãe Maria é continuar a vida na inspiração de Maria, modelo de santidade, construída no sofrimento e na alegria de ter gerado Jesus no seu seio. É ser mãe plenamente.

2

Os apócrifos sobre Maria

São vários os textos, sejam em forma de fragmentos ou livros, que se tornaram conhecidos entre os cristãos católicos como apócrifos, e evangélicos, de pseudoepígrafos. Normalmente se entende o termo apócrifo como falso, mentiroso, não oficial, não inspirado[1]. Poderíamos dizer que somente em relação ao Segundo Testamento[2] temos 60 livros, classificados, com as devidas diferenças, entre Evangelhos, Atos, Epístolas e Apocalipses[3].

O estágio atual do estudo dos apócrifos tende a considerá-los não mais com este enfoque de discriminação

1. Para uma compreensão do significado do termo apócrifo e sua relação com os canônicos sugerimos a leitura do nosso livro *O outro Pedro e a outra Madalena segundo os apócrifos* – Uma leitura de gênero. Série Comentário aos apócrifos, 2. Petrópolis: Vozes, p. 12-18.

2. Por uma questão de diálogo com os nossos irmãos judeus usamos as terminologias Primeiro e Segundo Testamentos, para Antigo e Novo Testamentos, bem como Antes da Era Comum e Era Comum.

3. Para uma lista dos mesmos veja o nosso livro *As origens apócrifas do cristianismo* – Comentário aos evangelhos de Maria Madalena e Tomé. 2 ed. São Paulo: Paulinas, p. 18-20.

e rejeição. Claro que dentre eles encontraremos alguns que a comunidade fez bem em não aceitá-los como inspirados. São textos aberrantes, exagerados, que falsearam a realidade da revelação divina. Outros textos, porém, trazem novidades, seja no conteúdo, seja na expressão de um pensamento alternativo, rejeitado e condenado ao esquecimento pelo pensamento hegemônico da época. Neste grupo podemos classificar, por exemplo, o evangelho de Madalena. Uma terceira categoria de Apócrifos do Segundo Testamento são os que complementam as informações sobre personagens e fatos bíblicos. Nesse grupo enquadramos a maioria dos apócrifos sobre Maria, a mãe de Jesus. E é sobre eles que nos ocuparemos nas páginas seguintes.

Vários são os livros apócrifos que contam a história de Maria. Alguns são dedicados especificamente a ela, outros narram fatos da sua vida. Muitos desses textos serão usados por nós para reconstruir a história de Maria. Os apócrifos da Assunção de Maria são muitos. Eles estão situados nos primeiros séculos do cristianismo e influenciaram sobremaneira a liturgia e a arte. A maioria destes livros apócrifos foi escrita entre o século II ao VI. Uns poucos, na Idade Média, quando a devoção mariana ganhou novo vigor entre os cristãos e os apócrifos sobre Maria, dos primeiros séculos do cristianismo, foram resgatados e influenciaram sobremaneira a fé.

Antes de iniciarmos a história de Maria é importante conhecer um pouco sobre a história de alguns apócrifos que falam sobre ela.

1) **Evangelho do Pseudo-Mateus**. Este apócrifo, datado em meados do século IV E.C., conta o nasci-

mento de Maria e a infância de Jesus. A tradição o atribui ao Evangelista Mateus, que o escreveu em hebraico e, depois, traduzido por São Jerônimo para o latim. O texto foi atribuído também a Tiago Menor. A tradição diz que São Jerônimo teria traduzido um livrinho que Mateus teria escrito, mas que não quis juntar-se ao seu evangelho. Todas estas indicações de autoria são hipotéticas, daí o título posterior atribuído a este manuscrito de Pseudo-Mateus, isto é, o Falso-Mateus. O Evangelho do Pseudo-Mateus teve forte influência na literatura e arte da Idade Média.

2) **Protoevangelho de Tiago**. Como indica o título deste evangelho, a sua autoria é atribuída ao Apóstolo Tiago, com certeza, o Menor, que fora o primeiro bispo de Jerusalém e também conhecido como o "Irmão do Senhor". Possivelmente é uma obra do século II e foi escrito em Alexandria por um judeu-cristão, que o compôs em grego. Este apócrifo ressalta o papel de Maria como mãe de Jesus. A história de seus pais estéreis, seu nascimento, consagração no Templo, casamento com o ancião José e a sua virgindade perpétua são descritos de forma poética. Um dos motivos da rejeição desse evangelho foi o fato de ele apresentar São José como viúvo e pai de vários filhos. Muitos destes relatos foram incorporados, posteriormente, à doutrina teológica da Igreja grega e latina. A celebração na liturgia de São Joaquim e Sant'Ana tem, por exemplo, base neste evangelho.

3) **Protoevangelho da natividade de Maria**. Texto do século III ou até mesmo do início do século II,

sendo assim um testemunho bem antigo. Este apócrifo pode ser considerado como a forma mais antiga do Protoevangelho de Tiago, também conhecido como Papiro de Bodmer, por pertencer a uma biblioteca que leva este nome. *Natividade de Maria* ressalta o papel importante de Maria na história do cristianismo. Ela é vista como a novidade na história, mesmo não tendo consciência disto.

4) **História de José, o carpinteiro**. A datação de História de José, o carpinteiro, é, provavelmente, do século IV. O estudioso Bagati, no entanto, chega a propor o século II. O local da redação do original grego seria o Egito. O livro trata propriamente sobre a história de José, narrada por Jesus aos apóstolos no Monte das Oliveiras. A história é lida a partir dele. Maria, no entanto, aparece em vários relatos, tais como: vida de consagrada no templo, casamento com José, viagem para Belém, fuga para o Egito, aflição diante da morte de José e menção da morte e assunção de Maria. O códice H de História de José, o carpinteiro, diz que José é o esposo de Nossa Senhora e Senhora mãe de nossa salvação, que é o Senhor Jesus Cristo.

5) **Evangelho de Bartolomeu**. Atribuído ao Apóstolo Bartolomeu, este apócrifo foi escrito originariamente em grego e pode ser datado do século III. Eusébio de Cesareia diz que Bartolomeu, quando foi pregar na Índia, escreveu um evangelho. Em relação a Maria, o livro fala que ela, a pedido dos apóstolos, narra-lhes como recebeu a anunciação do anjo e da concepção daquele que é inconcebível. Maria é impedida pelo Senhor de narrar todo o mis-

tério. Maria é também questionada por Pedro se foi ela quem eliminou a transgressão de Eva.

6) **Evangelho armênio da Infância**. Assim como os outros evangelhos da infância de Jesus, este evangelho fala de Maria e sua relação com Jesus menino. Ele traz também pormenores da concepção de Maria. É dito que ela concebeu do Espírito Santo pela orelha. Maria é considerada a nova Eva, a nova mãe da humanidade. É Eva mesma quem dá a notícia a Salomé: "Te dou uma boa e feliz notícia: uma terna donzela acaba de trazer um filho ao mundo sem ter conhecido varão algum" (9,3). O Evangelho armênio da Infância é do século VI.

7) **Evangelho de Gamaliel**. Mesmo contendo matérias que parecem mais antigas, o Evangelho de Gamaliel é datado entre os séculos V e VI E.C. A sua autoria é atribuída a Gamaliel, aquele Doutor da Lei e mestre de Paulo. Há uma tradição que diz que ele se converteu ao cristianismo. A língua original deste evangelho parece ser o copta. Maria aparece no livro com um papel fundamental nos últimos acontecimentos da missão de Jesus. Maria se encontra com Jesus ressuscitado e anuncia o fato aos apóstolos.

8) **Mulheres no túmulo e Aparição a Maria**. Trata-se de dois fragmentos de textos escritos em língua copta, com o caráter eminentemente litúrgico. O autor deles é difícil de ser indicado. A datação é provavelmente do século V ao VII.

9) Evangelho dos Hebreus. Este livro, do qual temos somente fragmentos, é importante, no nosso estudo, por referir-se a Maria como uma força que desceu do céu. O Espírito Santo é apresentado como mãe, que pegou Jesus por um de seus cabelos e o transportou para o Monte Tabor. Evangelho dos Hebreus é datado no século II. Há hipótese, no entanto, que ele é da primeira metade do século I. A língua original é caldeu ou siríaco.

10) **Trânsito de Maria do Pseudo-Militão de Sardes**. Escrito no século IV da Era Comum (E.C.)[4], este livro narra a morte, ressurreição e assunção de Maria. O texto está em latim e é atribuído a Militão, bispo de Sardes, na Lídia, no século II. Autor de livros com temas sobre a páscoa, batismo, criação, alma e corpo, encarnação, Militão travou disputas teológicas com Marcião, importante pensador, tido como herético pela Igreja, por apresentar ideias diferentes do pensamento hegemônico.

11) **Livro de São João evangelista, o teólogo, sobre a passagem da santa mãe de Deus**. Mesmo não sendo o mais antigo apócrifo sobre a assunção de Maria, alguns estudiosos falam de um apócrifo do mesmo gênero no século II – *Trânsito da Santa Maria*, de Leucio, discípulo dos apóstolos. Livro de São João evangelista, o teólogo, foi o apócrifo assuncionista mais popular entre os cristãos do oriente bizantino. Ele foi escrito no século IV ou um pouco antes. Ele conta, além de outros detalhes sobre a morte de

4. Usamos as terminologias Era Comum para Depois de Cristo e Primeiro e Segundo Testamentos para o tradicional Antigo e Novo Testamentos, por questões de razões de diálogo com os nossos irmãos judeus.

Maria, que a sua assunção ocorreu em um dia de domingo. Maria não encontra empecilhos para chegar ao Paraíso. O culto a Maria como intercessora da humanidade junto a Jesus, tão largamente difundido entre os cristãos, sobretudo da Idade Média, deve muito a este texto, atribuído a São João, evangelista.

12) **Livro de São João, arcebispo de Tessalônica**. Livro organizado em forma de homilia, tendo como objetivo levar os moradores de Tessalônica, onde João exercia o ministério de arcebispo, a celebrar a festa da Assunção de Maria, sem os exageros sobre a Assunção de Maria de outros textos, considerados também apócrifos naquela época. A datação deste livro é do início do século IV. Ele teve muita influência na devoção mariana nos séculos subsequentes, sobretudo na Idade Média.

13) **Livro do Descanso**. Texto provavelmente do século III. Há autores que admitem a sua datação até o século VI. Livro do Descanso, além de ser um dos mais antigos apócrifos que falam da Assunção de Maria, considera na sua narrativa, em cinco livros e 136 capítulos, não somente o tema da morte e assunção de Maria, mas também outros fatos da vida de Maria e dos apóstolos.

14) **Trânsito da Bem-Aventurada Virgem Maria**. Este livro foi atribuído erroneamente a José de Arimateia. Os códices usados para o texto que temos são dos séculos XIII e XIV. Trata-se de um livro apócrifo bem recente. Na narrativa Maria chama a atenção de João por ter abandonado-a, apesar de Jesus

ter lhe pedido para cuidar dela. O texto conta também a Assunção de Maria. Tem destaque a figura de Tomé, que não presenciou a morte de Maria, chegando somente no momento da assunção, vista por ele no Monte das Oliveiras. No sepulcro, ele, depois, desafia os companheiros apóstolos, dizendo que Maria não estava no sepulcro. Mais uma vez sua incredulidade é testada. Este apócrifo contribuiu sobremaneira para o incremento, na Idade Média, na devoção a Maria, mãe e intercessora junto a Jesus para a humanidade.

15) **Evangelho apócrifo da Virgem Maria**. A história deste apócrifo está ligada à espanhola Etéria, que ficou famosa no século IV por desafiar a sua época, fazendo uma peregrinação à Terra Santa. Ela escreveu, em latim, um *Itinerário* contendo as suas impressões de viagem. Este livro foi muito difundido na época, mas acabou perdendo os originais, quando o mosteiro, onde ela vivia, foi destruído. Alguns manuscritos da obra de Etéria, no entanto, que tinham sido distribuídos em outras partes da Europa, foram conservados. Em 1884, um deles foi encontrado na Itália. Outro, mais recentemente, em Asturia (Espanha). O que chama a atenção é que Etéria terá colocado como apêndice à sua obra original o referido *Evangelho apócrifo da Virgem Maria*, que ela recebeu de presente, em Belém, de um monge grego, companheiro de São Jerônimo. Tal apócrifo teria sido citado por alguns padres primitivos da Igreja, sem mesmo ter a certeza de sua existência. O texto já estava traduzido para o latim. Etéria também duvida da veracidade de tal livro, mas resolve divulgá-lo por acreditar que se trataria de uma

obra de piedade e grande proveito espiritual. Posteriormente, este texto apócrifo fora extraído da obra de Etéria por monges. Em 1996, o teólogo Santiago Martin, de posse do manuscrito encontrado na Espanha, contendo o apêndice apócrifo, escreveu o livro *O evangelho secreto da Virgem Maria,* texto que utilizamos para compor a História de Maria nos apócrifos. Trata-se de um livro que apresenta Maria como mãe, narrando, para João Evangelista a sua história de mãe, sua relação com o filho, Jesus, e sua experiência de Deus. As palavras de Maria são carregadas de poesia e de ternura de mãe para com o seu filho, homem e Deus, expressão máxima do amor divino e de Maria, sua mãe, que dele se torna uma apóstola. O conteúdo literário do *Evangelho apócrifo da Virgem Maria* indica-nos que se trata, possivelmente, de uma obra da Idade Média ou, ainda, posterior, quando a devoção mariana está em pleno vigor. A ligação deste livro com o escrito da peregrina Etéria, se é que de fato ocorreu, teria mais objetivo de valor patronímico.

3

Concepção e nascimento de Maria

Tendo considerado alguns elementos importantes para compreender os evangelhos apócrifos, que iremos apresentar e comentar, passemos a reler a história de Maria a partir deles.

Maria nasceu de pai e mãe judeus. O seu nascimento foi marcado pela intervenção de Deus na vida também de seus pais.

3.1 Os pais de Maria

Joaquim era o nome do pai de Maria. Ele era um homem rico e muito piedoso. Descendente da Tribo de Judá[5], Joaquim casou-se com Ana, filha de Acar, também de sua tribo, quando tinha 20 anos. Passados ou-

5. Cf. *Protoevangelho de Tiago 1,1; Evangelho do Pseudo-Mateus* 1,1 e *Livro da Natividade de Maria.*

tros 20 anos, o casal não teve filhos. Ana era considerada estéril.

No "Dia do Senhor" era costume dos filhos de Israel apresentarem suas oferendas. Joaquim, então, foi ao templo apresentar a sua melhor oferta. O Sacerdote Rúben postou-se diante de Joaquim e lhe disse: "Não é lícito ser o primeiro a apresentar tuas ofertas, porque não tens descendência em Israel"[6].

A tristeza abateu-se sobre Joaquim. Ele retirou-se do convívio de sua mulher, Ana, e foi para o deserto, "onde jejuou quarenta dias e quarenta noites, dizendo a si mesmo: Não descerei daqui, nem para comer nem para beber, enquanto o Senhor meu Deus não me visitar. A oração me servirá de comida e de bebida"[7].

Ana, por sua vez, lamentava profundamente a ausência do marido. Sentindo-se viúva de marido vivo e sem filho, ela dizia: "Chorarei minha viuvez! Chorarei minha esterilidade!"[8] E rezava: "Senhor, Deus santíssimo de Israel, não me deste filho, mas por que me tiraste também o marido? Eis que já se passaram 5 meses que não vejo o meu marido. Nem sei se está morto, para que eu possa ao menos lhe dar uma sepultura"[9]. Ana, no terreiro de sua casa, vê um ninho com filhotes de passarinhos e implora a Deus o dom de gerar um filho.

6. Cf. Protoevangelho de Tiago 1, 2. In: RAMOS, Lincoln. *A história do nascimento de Maria*. Petrópolis: Vozes, 1998.

7. Ibid., III,4.

8. Ibid., II, 1.

9. Cf. Evangelho do Pseudo-Mateus 2. In: TILLESSE, Caetano Minette. *Extracanônicos do Novo Testamento*, I. Fortaleza: Nova Jerusalém, 2003.

Ana promete que tal filho ou filha seria consagrado a Deus no Templo.

A prática de consagrar um filho a Deus era comum naquele tempo. Os consagrados, chamados de Nazireus, viviam no Templo de Jerusalém, no tempo estabelecido pela promessa, numa vida pura, sem cortar os cabelos e tomar vinho (Nm 6,1-21).

3.2 Ana concebe Maria

Depois da oração de Ana um anjo do Senhor aparece e lhe diz que a sua oração tinha sido ouvida por Deus e que ela conceberia e daria à luz e, em toda a terra, se falaria de sua descendência. O mesmo anjo aparece a Joaquim e lhe diz: "Sabe que de teu sêmen concebeu (Ana) uma filha, e tu a deixaste, ignorando-o. A criança estará no Templo de Deus. Sobre ela repousará o Espírito Santo. Sua bem-aventurança será superior à de todas as mulheres santas. Ninguém poderá dizer que antes dela houve outra igual e, neste mundo, depois dela não haverá outra como ela"[10].

O anjo, então, pede a Joaquim que volte para a sua casa. Joaquim, maravilhado, oferece um holocausto a Deus e retorna. Ana o recebe com alegria. Ela se lança a seu pescoço, dizendo: "Agora sei que o Senhor Deus me abençoou largamente. A viúva não é mais viúva e eis que eu, a estéril, concebi em meu seio"[11]. E a notícia se espalhou por todo o Israel.

10. Ibid.

11. Cf. *Protoevangelho de Tiago* 4,4.

3.3 A concepção e o Dogma da Imaculada

A concepção de Ana nos textos apócrifos é polêmica. Como vimos, os apócrifos usam o verbo conceber no passado e no futuro. O *Protoevangelho de Tiago* relata que o anjo pede a Joaquim para retornar, pois Ana concebeu em seu seio. O verbo no passado quer afirmar que Maria foi concebida sem intervenção de Joaquim e de forma miraculosa. O verbo no futuro supõe o relacionamento sexual posterior de Joaquim. Bom, mas Ana já poderia ter engravidado antes mesmo da partida de Joaquim, como supõe o *Pseudoevangelho de Mateus*.

A piedade popular mariana conserva no devocionário uma canção que se tornou muito conhecida: "Oh, Maria, concebida sem pecado original"... Na verdade, esta música tem ligação com a aparição de Maria a Catarina Labouré, onde se diz: "Ó Maria, concebida sem pecado, rogai por nós que recorremos a vós". Isto foi em 1830. Em 1854, no dia 8 de dezembro, o Papa Pio IX declarou o Dogma da Imaculada Conceição, que diz: "A doutrina que sustenta que a beatíssima Virgem Maria foi preservada imune de toda mancha da culpa original no primeiro instante de sua concepção, por singular graça e privilégio de Deus onipotente, em atenção aos méritos de Cristo Jesus Salvador do gênero humano, está revelada por Deus e deve ser, portanto, firme e constantemente crida por todos os fiéis".

Não podemos ligar necessariamente o pecado original ao relacionamento sexual que nos passa o mal, ao nascermos. Ele é muito mais que isso. É toda a maldade que está dentro de nós, transmitida de geração em geração. Creio que nascemos em estado de graça pura, sem pecado original. No decorrer da vida vamos adquirindo a condição de pecador, pois vamos nos dando conta que os meus semelhantes (origem terrena) *estão* pecadores. Assim aconteceu com Maria. Por ser escolhida, ela foi especial também até no seu nascimento. Quando os apócrifos sugerem que Ana concebeu sem a presença de Joaquim, foi para dizer que ela era pura, sem pecado. Na vida, Maria também conheceu o erro, se é que queremos chamar isto de pecado. Caso contrário, que mérito teria? Claro que Maria é modelo de santidade. E assim ela viveu, caso contrário não seria a mãe de Deus.

A exaltação apócrifa e poética de Maria, nos textos acima, querem simplesmente reforçar a fé em Maria, que desde a sua concepção foi escolhida por Deus para revelar o seu mistério de encarnação, em Jesus, no meio de nós.

3.4 O nascimento de Maria

Depois destes fatos, Joaquim foi ao templo para fazer a sua oferta. Ele sentiu-se consolado por saber que Deus o havia perdoado de todos os seus pecados.

Quando chegou o tempo de Ana dar à luz, Maria nasceu. Alguns manuscritos falam que este tempo equivale a 9 meses, outros, 7 meses mais os 2 meses que Joaquim ficou longe de Ana, e outro, 6 meses. Este pormenor reforça a ideia da concepção de Ana sem a presença de Joaquim.

Ao dar à luz, conforme o *Protoevangelho de Tiago* V,2, Ana perguntou à parteira: "A quem dei à luz? A parteira respondeu: Uma filha! E Ana exclamou: Hoje minha alma foi enaltecida. E deitou a criança. Quando se completaram os dias prescritos pela lei, Ana fez as purificações pelo parto, deu o peito à criança e pôs-lhe o nome de Maria".

O dia do nascimento de Maria é celebrado na liturgia da Igreja Católica no dia 8 de setembro. Essa festa, celebrada primeiramente na Igreja do Oriente, foi incorporada ao calendário católico pelo Papa Sérgio I, no século VII.

4

A infância e adolescência de Maria

Maria vive quase toda a sua infância no Templo de Jerusalém, como consagrada a Deus.

4.1 Os três primeiros anos de vida de Maria

Este período da vida de Maria está no *Protoevangelho de Tiago* VI–VII, do modo como descrevemos a seguir.

Dia após dia Maria tornava-se uma criança robusta. Quando ela completou seis meses sua mãe a colocou no chão para ver se permanecia em pé. Ela deu sete passos e voltou-se ao regaço de sua mãe. Ana tomou-a nos braços, dizendo: "Tão certo como vive o Senhor meu Deus, não andarás por esta terra, até que te conduza ao Templo do Senhor". E Ana preparou-lhe um santuário em seu quarto e não permitia que nada de profano e de impuro tocasse o seu corpo. E Ana chamou as donzelas hebreias sem mácula para entreter-se com ela.

Quando a menina completou um ano, Joaquim preparou uma grande recepção e convidou os chefes dos sacerdotes, os sacerdotes, os escribas, o conselho dos anciãos e todo o povo de Israel para festejar o aniversário de Maria. Naquele dia, Joaquim apresentou a menina aos sacerdotes. Estes a abençoaram, dizendo: "Ó Deus de nossos pais, abençoa esta criança e dá-lhe um nome glorioso e eterno por todas as gerações". E todo o povo respondeu: "Assim aconteça! Amém!" E os sacerdotes apresentaram-na aos chefes dos sacerdotes, que a abençoaram, dizendo: "Oh! Deus Altíssimo, lança teu olhar sobre esta menina e concede-lhe a mais ampla bênção, além da qual não haja outra".

Ana, levando a criança para o santuário do quarto, deu-lhe o seio. Ela também elevou um cântico ao Senhor, dizendo: "Entoarei um cântico sagrado ao Senhor meu Deus, porque me visitou e afastou de mim a afronta de meus inimigos. O Senhor meu Deus concedeu-me um fruto santo, que é único e múltiplo a seus olhos. Quem anunciará aos filhos de Rúben que Ana está amamentando? Ouvi, ouvi, vós, as doze tribos de Israel, que Ana está amamentando".

E Ana colocou a criança para repousar, saiu e pôs-se a servir os convidados. Quando terminou a refeição, todos desceram cheios de alegria e glorificaram o Deus de Israel.

Os meses se passavam. E Maria atingiu a idade de 2 anos. Joaquim disse: "Vamos levá-la ao Templo do Senhor, para cumprir a promessa que fizemos, a fim de evitar que o Soberano Senhor nos puna ou que nossa oferta seja rejeitada". Ana lhe respondeu: "Esperemos o terceiro ano, para que ela não sinta falta de seu pai e de sua mãe". E Joaquim concordou em esperar mais um ano.

Quando a menina chegou aos três anos, disse Joaquim: "Convidemos as filhas dos hebreus, que são puras, para que tomem suas candeias e as conservem acesas para acompanhá-las. Deste modo, a menina não voltará atrás, e seu coração não estará preso por qualquer coisa fora do Tempo do Senhor". E assim eles fizeram, até chegar ao Templo do Senhor.

Quando chegaram no Templo o sacerdote recebeu Maria e, depois de beijá-la, abençoou-a, dizendo: "O Senhor exaltou teu nome por todas as gerações. Em ti, nos últimos dias, o Senhor mostrará a salvação aos filhos de Israel". E o sacerdote a fez sentar no terceiro degrau do altar e o Senhor fazia descer a sua graça. Maria dançou com os pés e foi amada por toda a casa de Israel.

Como vimos, os três primeiros anos de Maria são marcados pelo enaltecimento da criança. Até uma festa de aniversário é dada para comemorar o seu primeiro ano de vida. A alegria dos pais e do povo, incluindo aí as autoridades religiosas, pode parecer exagerada diante dos costumes da cultura judaica daquela época. Uma mulher nunca seria enaltecida pelo judeu por causa do seu nascimento. Ao contrário, o judeu conservador reza, ainda hoje, ao levantar-se: "Obrigado, Senhor, por não ter nascido mulher!" No entanto, a narrativa quer ressaltar o valor de Maria, sua pureza, entendida como santidade desde o nascimento. Maria vive sem colocar os pés no chão e tem um santuário no seu quarto. Nisto está a teologia do corpo puro para ser consagrado, o que exigia a separação de pessoas e objetos. Nisto o texto segue os costumes judaicos de purificação para ser puro, isto é, santo.

4.2 Dos 3 aos 12 anos: Consagração no Templo de Jerusalém

Maria foi levada ao Templo de Jerusalém por Joaquim e Ana. Assim, eles cumpriram o voto que Ana havia feito. Ao chegar no Templo, Maria subiu velozmente os 15 degraus sem sequer olhar para trás e nem procurar pelos pais.

Joaquim e Ana voltaram para casa, louvando e glorificando a Deus, Soberano Senhor, porque a menina não tinha voltado para junto deles.

E Maria viveu no Templo de Jerusalém, como consagrada, desde os 3 aos 12, ou 14 anos, conforme *Pseudo-Mateus*. Já o apócrifo *História de José, o carpinteiro* afirma que Maria viveu 9 anos no Templo. O número 9 é simbólico. O número 3 representa a dimensão divina (Céu, Xeol e Firmamento). Já dizer 9 é o mesmo que dizer o tempo de Deus três vezes. Assim, Maria, vivendo 9 anos no Templo, viveu completamente consagrada a Deus.

O *Evangelho do Pseudo-Mateus* (6,2–7,2) descreve a vida de Maria no Templo do seguinte modo: Maria se impusera a seguinte regra: de manhã, até a hora terceira (6 às 9h), dedicava-se à oração; da hora terceira à nona (9 às 15h), ocupava-se no trabalho de tecelagem;

da hora nona em diante (15 às 18h) dedicava-se novamente à oração. Ela não deixava a oração enquanto não lhe aparecia o anjo de Deus, de cujas mãos recebia o alimento. Assim, sempre mais e sempre melhor, progredia no serviço de Deus.

Além disso, enquanto as virgens mais velhas repousavam dos louvores divinos, ela nunca repousava, de modo que nos louvores e nas vigílias nenhuma estava antes dela, nenhuma era mais instruída no conhecimento da Lei, nenhuma mais humilde na humildade, nenhuma tinha mais graça no canto, nenhuma era mais perfeita em todas as virtudes.

Ela era constante, firme, imutável e progredia para melhor todos os dias. Ninguém a viu zangada, nem a ouviu amaldiçoar. Todo o seu falar era cheio de graça que se compreendia que Deus estava em seus lábios. Assídua na oração e na meditação da Lei, era atenta para não maldizer contra as companheiras, nem se deixar levar em risos muito ruidosos, nem em desaforos, ou jactâncias contra suas companheiras. Bendizia a Deus sem cessar e, para não interromper os seus louvores a Deus, respondia Graças a Deus a quem a saudasse.

Ela se alimentava todos os dias apenas com o alimento que recebia da mão do anjo. Os alimentos que os sacerdotes lhe davam, ela os distribuía aos pobres. Frequentemente se viam os anjos de Deus falando com ela e obedecendo-lhe diligentemente.

Se alguma doente a tocasse, no mesmo instante voltava sã para casa. O Sacerdote Abiatar apresentou ao pontífice (= sumo sacerdote) um número infinito de presentes para tomá-la como esposa de seu filho. Maria os rejeitou, dizendo: Não pode acontecer que eu tenha relações sexuais com um homem ou um homem comigo. Os pontífices e todos seus conhecidos lhe disseram: Deus é venerado nos filhos e adorado nos descendentes. Como sempre tem sido em Israel. Maria respondeu: Deus é honrado antes do mais pela castidade, como é comprovado. Pois antes de Abel nenhum homem foi declarado justo; e ele agradou a Deus por causa de suas ofertas e foi impiamente assassinado por aquele que não agradou (a Deus). Ele ganhou assim duas coroas: a da oferta e a da virgindade; pois sua carne nunca foi poluída (pelo casamento). Elias também, quando estava na carne, foi arrebatado porque guardou virginalmente sua carne. É o que aprendi no Templo desde a minha infância: que a virgindade pode ser muito preciosa para Deus. Por isso decidi no meu coração não ter relações (matrimoniais) com homem algum.

Jesus, no apócrifo *História de José, o carpinteiro* 3,1 declara: "Enquanto meu pai José permanecia em sua viuvez, minha mãe, de sua parte, dotada de belas qualidades e bendita entre as mulheres, vivia no Templo, servindo a Deus em toda a santidade".

4.3 A atualidade da consagração de Maria

A Apresentação de Maria no Templo de Jerusalém e consequente consagração faz parte das festas litúrgicas da Igreja Católica. Ela é celebrada no dia 21 de novembro. Esta festa era celebrada na Igreja do Oriente desde 543 E.C. A Igreja do Ocidente (Romana) a incorporou no seu calendário no século XVI, quando o culto a Maria foi revigorado.

Na liturgia do Batismo da Igreja Católica a comunidade reclama quando o celebrante resiste em manter, no ritual do Batismo, a Consagração da criança a Nossa Senhora. E tem até padrinho e madrinha de consagração. Como Maria, os pais querem que seus filhos sejam, como Maria e por meio de sua intercessão, consagrados a Deus.

Maria, no Templo, vivia em oração constante. Trabalhava e rezava. Rezava e trabalhava. Estas atitudes marcaram a sua vida de consagrada. Maria viveu de modo ascético. Um anjo falava com ela e lhe trazia o alimento, o que significa que Deus falava com Maria e cuidava dela. O anjo é a presença de Deus, é Deus mesmo.

A exaltação da virgindade de Maria nos apócrifos merece um comentário à parte. Maria mesma se declara consagrada a Deus pela virgindade. Ela nega a relação sexual e justifica que aprendeu desde pequena o valor da virgindade. Este acento demasiado na castidade como negação do corpo deve ser compreendido a partir da influência dos gnósticos encratistas, grupo que pregava a negação do corpo como caminho para encontrar a salvação. Dizer que Maria pensava assim reforçava esta visão de mundo.

Ainda em nossos dias esta ideia está presente entre nós. A virgindade de Maria, como é apresentada nos apócrifos, continua como ideal de vida para muitos. Parece um absurdo pensar. E é. A consagração só tem sentido se for vista de modo integrador. Negar os prazeres do corpo, porque isto é pecado e não querido por Deus, não é um caminho salutar. Quantos de nossos jovens, seguindo este modo de pensar, veem pecado em tudo. Confessam sempre, não para dizer que deixaram de ser honestos, que não lutaram pela justiça social, mas porque pecaram contra a castidade, isto é, não conseguiram anular os prazeres do corpo. O corpo da "Mulher Maria" e também o de tantas "marias mulheres" de nossos dias não podem ser vistos como modelo de negação da corporeidade. Uma visão integrada de gênero não nos permite pensar assim. Ou passamos a ver e vivenciar a castidade de um outro modo, ou este modo de pensar deixa de ser virtude.

Maria, no Templo, age com personalidade de mulher. Ela tem autoridade. Ela estuda a Torá, coisa reservada aos homens, discute com os sacerdotes e não aceita uma proposta de casamento.

A piedade popular se inspira em Maria, porque ela é uma mulher de Deus, cheia de graça e de fé. Queremos ter a fé de Maria, por isso, estamos sempre com ela no coração e em nossa devoção.

5

O casamento de Maria

Ao completar a maioridade, Maria passou a viver no norte da Palestina/Israel, no Estado da Galileia, na cidade de Nazaré. Após ser dada a José em casamento, ela aí viveu até a morte de Jesus, quando passou a viver em Jerusalém.

5.1 A escolha do marido

Quando Maria chegou à fase adulta, na época, 12 anos, os fariseus e os sacerdotes do Templo decidiram que Maria poderia continuar com o seu voto de virgindade, mas deveria ser escolhido um homem, a quem fosse confiado a sua guarda, de modo que ela não viesse a menstruar no Templo, o que profanaria aquele lugar sagrado. E então eles deliberaram: "Procuraremos um homem de bem e desposemo-la com ele, até que chegue o momento de seu matrimônio. Do contrário, por descuido nosso, pode acontecer que lhe sobrevenha no Templo o período de sua purificação e incorramos em grave culpa"[12].

12. Cf. História de José, o carpinteiro III, 2. In: RAMOS, Lincoln. *São José e o Menino Jesus*. Petrópolis: Vozes, 1990, p. 29.

Foi lançada para as 12 tribos de Israel a ordem de enviar homens solteiros e anciãos. Todos deveriam se apresentar, no Templo de Jerusalém, com um bastão na mão. Um sinal seria dado sobre quem deveria receber Maria em sua casa. E assim aconteceu. Cada um chegou com o seu bastão, os quais foram entregues ao sumo sacerdote, que, por sua vez, os depositou no Santo dos Santos durante um dia. Na manhã do dia seguinte todos vieram para ver o sinal. Uma pomba haveria de sair do bastão daquele que fosse o escolhido. Dentre os homens estava José, um idoso de 90 anos, viúvo e pai de seis filhos. Ele foi o escolhido. O seu bastão se transformou em um lírio e sobre o Templo sobrevoou uma pomba.

José relutou em aceitar Maria, pois se julgava idoso e incapaz para cuidar da jovem donzela. "Tenho filhos e sou velho, ao passo que ela é jovem. Receio tornar-me objeto de zombaria para os filhos de Israel", dizia (*Protoevangelho de Tiago* IX,2). O sacerdote, após a escolha de José, disse a Maria: "Vai com José e sê-lhe submissa até que chegue a hora de celebrar o teu casamento"[13].

Quando chegou em Nazaré, José disse-lhe: "Maria, eu te recebi no Templo do Senhor. Deixo-te, agora, em minha casa, pois vou continuar minhas construções. Voltarei a ti. O Senhor te guardará" (*Protoevangelho de Tiago* IX,3).

Jesus, em *História de São José, o carpinteiro* (IV,4-6), conta que "José levou Maria, minha mãe, para a sua casa. Ela encontrou o pequeno Tiago na dolorosa condição de órfão e começou a dedicar-lhe afeição e cuidados. É este o motivo pelo qual ela foi chamada Maria (mãe) de Tiago. Depois que José a conduziu para sua

13. Ibid.

casa, dirigiu-se ao lugar onde estava exercendo seu ofício de carpinteiro. Minha mãe Maria viveu dois anos em casa de José, até que chegou o momento feliz".

A presença da pomba sobre o Templo lembra o batismo de Jesus. Maria é, assim, confirmada para uma missão importante. A imagem de São José traz um lírio em suas mãos. Em algumas regiões do Brasil, no dia do casamento, a noiva recebe um buquê de São José, simbolizando a fertilidade para a mulher. Há também uma música alusiva ao lírio de São José e sua relação com Maria, que diz: "Da cepa brotou a rama, da rama brotou a flor, da flor nasceu Maria e de Maria, o Salvador".

5.2 O dia do casamento de Maria com José

Maria, no *Evangelho Apócrifo da Virgem Maria*[14], refere-se a José como primo e homem escolhido por seus pais para casar-se com ela. Neste evangelho José é um jovem.

Maria, após relatar a João a sua concepção virginal e que José aceitou respeitar a sua condição de mãe do Salvador, conta como foi o dia do seu casamento do seguinte modo: Tudo saiu muito bem, seguindo o mais estrito ritual que estabelece a lei judaica. O *migdanot*, que o noivo entrega à família da noiva, foi dado a meu pai com esplendor e ele me transferiu imediatamente para que eu o juntasse ao casamento, acrescentando-o ao dote. Eram cinquenta siclos de prata e alguns vestidos, o normal para um homem de modesta condição

14. Evangelho apócrifo da Virgem Maria. In: MARTÍN, Santiago. *O evangelho secreto da Virgem Maria*. São Paulo: Mercuryo/Paulus, 2004, p. 65-66.

como José. De minha parte, recebi de meus pais outro tanto em dinheiro e muito mais como enxoval, coisas que Ana e eu havíamos tecido durante anos, preparando minha futura casa e que agora se transformavam em prendas destinadas a acolher o Messias. O conjunto não era grande, porém para nós, para José e para mim, pareceu uma maravilha, principalmente quando nos vimos em casa, na sua casa, que a partir de então era também a minha. As festas, como era costume em nosso povo, duraram uma semana, e para custeá-las foi-se parte do dinheiro que tínhamos, ainda que meus pais e outros familiares nos ajudassem muito. Dava-me pena este gasto, porque estava privando de algo a criança que ia nascer e a quem eu queria oferecer o melhor do mundo. Sem dúvida, se não o fizéssemos, chamaríamos atenção e daríamos o que falar, e isso, querido João, teria sido muito pior. Desde então comecei a educar meu filho e lhe dizia, sentindo-o se mover em meu interior, que para amar é necessário às vezes ceder, embora em outras ocasiões o melhor é se tornar "inimigo do bom". O casamento transcorreu como os outros da aldeia. Acompanhada pelos meus e por minhas amigas, fui à casa de José. Pintaram-me menos do que as outras, porém não pude evitar que passassem carmim em meu rosto, pelo mesmo motivo que já te contei. Gostei mais, porém, do diadema de flores com que adornaram meus cabelos. Enquanto íamos pelas ruas, da casa de meus pais à de José, a gritaria era enorme, porém ao chegar, quando ele me levantou o véu, pegou minha mão e, ante o rabino, pronunciou a frase ritual: "Maria, és minha esposa e eu teu marido, de hoje para sempre", o silêncio foi total. Eu não pude evitar um sentimento duplo. Por um lado casava-me com aquele rapaz que eu queria de verdade e, por outro, renovava a Deus, interiormente, meu primeiro "sim", aquele que dei ao Anjo Gabriel alguns meses antes. Eu era esposa de Deus e futura mãe do Messias. Era também a esposa de José. Estava decidida a ser fiel aos dois compromissos e um calafrio me percorreu o corpo por não desconhecer a dificuldade desse empreendimento.

A palavra é que só durou um instante. Embora a meu redor voltassem a se ouvir os gritos de alegria, esses ruídos com a língua, tão típicos das mulheres de nosso povo, disse ao Senhor que não tinha medo em absoluto. Estava em suas mãos e não tinha motivo algum para duvidar de que Ele saberia conduzir-me por esse labirinto em que Ele mesmo me havia introduzido. Se alguém era digno de confiança, esse alguém era Deus, assim é que qualquer dúvida a respeito significava uma ofensa imperdoável a seu amor e à sua providência. Contudo José notara algo. Com um gesto rápido enxugou uma lágrima que corria por sua face, apertou-me o queixo e me disse, sussurrando ao ouvido: "Não temas. Tudo irá bem. Deus está conosco e não vou viver para outra coisa a não ser te proteger. Sinto-me o homem mais afortunado do mundo por poder fazer isso. Cumprirei minha promessa de respeitar-te, porque estou enamorado de ti e estar a teu lado e poder ajudar-te e te amar é para mim mais do que suficiente".

5.3 A cerimônia do casamento em Israel e seu significado

O casamento em Israel era realizado no tempo de Jesus e, mais especificamente, no tempo dos rabinos –

século II ao VI da Era Comum – em três etapas, a saber: namoro, noivado e núpcias.

a) **Namoro**. São as preliminares de um futuro casamento. Um acordo, oral ou escrito, é feito entre os parentes dos jovens ou com o casal. Nele é acordado a data, o local do casamento, o tempo em que os pais manteriam o jovem casal e o valor da mulher (dote) a ser pago pelo homem. Uma mulher virgem valia 200 zus, viúva e divorciada, 100 zus e a filha virgem do sacerdote, 400 zus. As mulheres virgens deviam casar até na quarta-feira, as viúvas, na quinta-feira. Isso garantiria, no cartório, a devolução da noiva, caso ela não fosse virgem. Os rabinos exigiam a fase do namoro. Quem não obedecesse era flagelado.

b) **Noivado**. É a segunda fase do matrimônio, considerada o momento da santificação da mulher. Numa festa, que podia durar até sete dias, o ritual poderia acontecer em um dos três modos: a) *Entrega de um objeto de valor*. Na presença de duas testemunhas homens, o noivo, com uma moeda ou outro objeto de valor nas mãos, dizia para a mulher as seguintes palavras: "Seja minha mulher. Case comigo. Seja a minha propriedade! Hoje, com esse gesto você passa a pertencer ao povo de Deus". A noiva podia ou não aceitar a proposta, mas sempre aceitava. Mais tarde, o objeto de valor passou a ser uma aliança. b) *Entrega de um documento*, no qual constariam os nomes dos noivos e as condições do casamento. c) *Através de um ato sexual*. Na presença de duas testemunhas, realizava-se um ato sexual. Comprovada a virgindade da noiva, o noivo dizia: "Com este ato sexual você está casada comigo". Este modo de realizar o matrimônio, já a partir do século III, foi abolido, por ser considerado imoral.

c) **Núpcias**. É a última etapa do casamento. A conclusão jurídica do mesmo. A noiva era introduzida debaixo de um baldaquino, onde os noivos recebiam a bênção nupcial. Esta fase devia ocorrer 30 dias após a segunda, para as viúvas e divorciadas, e no espaço de um ano, para as virgens. A menção de Jesus a esse fato ocorreu com a sua comparação do Reino com as 10 virgens que deviam manter óleos nas lamparinas à espera do noivo que viria quando ele bem entendesse, dentro do prazo estabelecido.

O fato de José ter recebido Maria das mãos dos sacerdotes, sem ter efetuado a compra, conforme narra o *Protoevangelho de Tiago*, significa que ele a levou como noiva para a sua casa. Ele ainda teria que realizar a terceira e última fase do casamento. Daí o seu espanto quando a encontra grávida, fato também relatado em *Evangelho apócrifo da Virgem Maria*.

As histórias sobre o casamento de Maria são revestidas de duas imagens fortes, um marido idoso, viúvo e pai de seis filhos – duas mulheres e quatro homens –, e uma esposa jovem e virgem. Estas duas imagens querem reforçar a ideia da virgindade de Maria, que concebe Jesus, por ação de Deus, e se mantém virgem. José, idoso, que não mais poderia gerar filhos, é também fértil na sua prole. Ele acolhe o mistério de Deus, que será, mais tarde, confrontado com um outro mistério, o da concepção virginal de sua jovem esposa.

6

A concepção de Maria

A narrativa da concepção de Maria é antecedida por alguns fatos correlatos. Vejamos.

6.1 Maria é escolhida para confeccionar o véu do Templo

Estando em Nazaré, os sacerdotes do Templo de Jerusalém decidem mandar confeccionar um véu para o Templo, que deveria ser feito por uma mulher virgem da Tribo de Davi. Um sacerdote, então, lembrou-se de Maria, a virgem sem mancha diante de Deus. Procurada, Maria foi encontrada em Nazaré e levada para Jerusalém, com as outras virgens, ao Templo. A sorte foi lançada entre elas para saber a quem tocaria as partes do véu. A Maria coube o escarlate e a púrpura genuína. Ela os apanhou e voltou para a sua casa[15].

15. Cf. *Protoevangelho de Tiago* 10.

6.2 Maria sonha com o Messias

Maria, no *Evangelho secreto da Virgem Maria*[16], diz: "Eu, mais do que minha mãe, por causa dos meus quinze anos recém-completados, gostava de sonhar com o Messias. Também o faziam minhas companheiras e falávamos muito dele nos nossos encontros, principalmente na fonte do povoado, quando íamos lavar nossas roupas no riacho. Porém, eu desejava ardentemente que esse Messias fosse um mensageiro da paz e do amor de Deus, dois sentimentos que meus pais sempre me inculcaram, embora quase todas as minhas amigas se deliciassem em falar de palácios e de grandes festas. Situação pior era com meus primos, os quais tive de enfrentar em mais de uma ocasião, pois para eles o Messias que tanto aguardavam não era outra coisa senão um líder militar. Quando eu lhes falava das qualidades espirituais que adornariam sua alma, eles zombavam de mim dizendo que eu era uma menina incapaz de entender o que convinha ao povo de Israel, acreditando que um Messias bondoso fosse capaz de expulsar os romanos de nossa pátria".

Os rabinos, de fato, sempre discutiam sobre como e quando viria o Messias.

6.3 Maria recebe a visita de anjos e concebe

E foi no bojo das discussões sobre o nascimento do Messias que Maria, na lida diária de uma mulher judia, recebe a visita de anjos que anunciam a sua concepção.

16. Cf. p. 15.

O *Protoevangelho de Tiago* XI conta que "Maria apanhou um cântaro e saiu para tirar água. E eis que uma voz lhe disse: 'Alegra-te, cheia de graça. O Senhor está contigo! Bendita és tu entre as mulheres!' Maria olhava à direita e à esquerda, para ver donde vinha a voz. Trêmula, entrou em sua casa, deixou o cântaro, tomou a púrpura, sentou-se no banco e continuou a tecer a púrpura. E eis que um anjo se apresentou diante dela e disse: 'Não tenhas medo, Maria, porque encontraste graça diante do Soberano Senhor de todas as coisas. Tu conceberás por tua palavra'. Ouvindo isso, Maria hesitou em si mesma e perguntou: 'Eu conceberei do Senhor Deus vivo e darei à luz como todas as mulheres?' O anjo, ao lado dela, respondeu: 'Não será assim, Maria, porque o poder de Deus te cobrirá com sua sombra. Por isso, o santo que nascerá de ti será chamado filho do Altíssimo. Tu lhe darás o nome de Jesus, porque Ele salvará seu povo de seus pecados'. Disse Maria: 'Eis que a serva do Senhor está diante dele. Faça-se em mim segundo a tua palavra'".

Já o *Evangelho secreto da Virgem Maria*[17] diz que Maria, ao receber a visita de um anjo no seu quarto, ainda na casa de seus pais, diz: "Sentia fortemente que, naquela noite, o Senhor esperava algo de mim. Minha resposta foi positiva. Disse-lhe que, por mim, as coisas se fariam de acordo com a sua vontade e não segundo meus cálculos ou previsões. Portanto, se Ele, *Yaweh*, resolvera que as coisas iriam se desenvolver a seu modo, eu aceitava e, como em ocasiões anteriores, ofereci-me para ajudar no que fosse possível, sabedora, de ante-

17. Cf. p. 18-22.

mão, que tudo o que eu fizesse seria pouco, jovem como era e a ponto de casar-me brevemente. Foi quando tudo ocorreu. Não havia pronunciado meu último sim, quando meu pequeno quarto se encheu de luz. Estava ajoelhada, com minha roupa modesta presa acima dos joelhos para não gastá-la, quando ele apareceu.

Confesso que não me assustei. Bem, me assustei sim, mas se tratava de um medo que não era medo. O fato é que ali estava ele. Belo e luzidio, doce e cheio de paz. Nunca me ocorreu que fosse um enviado do maligno, pois a paz que dele emanava era representativa apenas de Deus. Aliás, este fruto eu já saboreara antes, quando rezava e passava as longas horas livres das tardes de sexta-feira entre as oliveiras ou em meu quarto. Essa mesma paz, a de Deus, encontrava profundo eco em mim. Sua paz e minha paz se entrelaçavam, como se em meu interior nunca tivesse existido outra coisa senão a harmonia divina, uma paz semelhante à que esse mensageiro do Senhor emanava.

Estou me referindo ao Anjo Gabriel. Não só era belo e cheio de paz, mas também falava. Se tivesse permanecido calado talvez eu tivesse brincado com ele, pois era grande minha sintonia entre sua alma e minha tranquilidade. Porém, quando começou a falar assustei-me um pouco. Não porque sua voz fosse feia, mas o que me disse me deixou perplexa. "Alegra-te, cheia de graça, o Senhor está contigo", foram suas primeiras palavras. Naturalmente era de provocar espanto. O que significava "cheia de graça"? Não estávamos todos sob o efeito do pecado original, como nos ensinavam na sinagoga? Não seria, pois, um convite à soberba? Não me havia deixado enganar sua aparente espiritualidade?

Ele se deu conta em seguida e tentou tranquilizar-me: "Não temas, Maria, porque encontraste graça diante de Deus. Irás conceber em teu ventre e darás à luz um filho, a quem darás o nome de Jesus. Ele será grande e será chamado 'Filho do Altíssimo'. O Senhor lhe dará o trono de Davi, seu pai. Reinará sobre a casa de Jacó pelos séculos e seu reino não terá fim".

Na verdade não eram palavras muito tranquilizantes. Dizia-me "não temas", mas o que vinha em seguida era mais sério e preocupante ainda. Sem dúvida acostumada a responder "sim" a tudo o que Deus me pedia e já com certeza íntima de que aquele era um mensageiro seu, nem pensei no problema em que me metia, nem nas consequências que poderiam resultar do fato de eu já estar, de uma maneira ou de outra, casada, ou pelo menos comprometida com José. Já lhe ia dizer que sim quando o sexto sentido que possuem as mulheres me levou a fazer uma pergunta, uma espécie de prova para certificar-me de que, em verdade, o Senhor Todo-poderoso era quem enviava aquele mensageiro. Perguntei-lhe: "Como ocorrerá isso, se eu não conheço varão?"

Não se tratava de algo sem importância. Para mim isto era fundamental. De fato ou se resolvia esse ponto, deixando claro que eu não me veria forçada a fazer nada que não estivesse de acordo com os preceitos de uma jovem honesta, ou não poderia estar segura de que o que me oferecia vinha diretamente de Deus. Deus não poderia contradizer Deus. Deus não poderia ter semeado em minha alma, durante toda a minha vida, uma necessidade de pureza e de consagração para depois conduzir-me por caminhos contrários. E como aquilo que eu recebera sem dúvida era coisa sua, o que ocorria agora, se também vinha de suas mãos, forçosamente deveria estar em perfeita sintonia com o anterior.

O Anjo Gabriel soube dissipar todas as minhas dúvidas: "O Espírito Santo descerá sobre ti", afirmou, "e o poder do Altíssimo te cobrirá com sua sombra. Por isso aquele que nascer será santo e será chamado Filho de Deus". Estas últimas palavras colocaram tudo em seu devido lugar. Eu continuaria mantendo minha virgindade e minha pureza de alma e de corpo, sem ter que passar por situações que causavam repugnância não só a mim como a toda e qualquer moça honrada. É que meus pais haviam dito muitas vezes que eu nunca devia aceitar isso de que os fins justificam os meios, por mais que fosse um lema muito usado, principalmente na hora de realizar negócios lucrativos ou quando se queria justificar a violência contra os romanos.

O fim era neste caso o melhor, ou ao menos assim se apresentava: deixar que nascesse ninguém menos do que o Messias. Porém eu queria assegurar-me de que também os meios e a forma como aconteceriam os fatos seriam corretos. Basicamente, se assim não ocorresse, eu saberia de imediato que por trás disso não se encontravam os desígnios de Deus. O Senhor não se contradiz – não diz hoje "sim" e amanhã "não". Ele é sempre um "sim" grande, nobre e permanente. Além do mais, a situação não era tão diferente do assunto sobre o qual eu estava meditando antes que o enviado de Deus enchesse com sua luz meu pequeno quarto. O povo de Israel, meu povo, queria um libertador a todo custo. A meus pais e a mim própria parecia que neste "a todo o custo" havia algo que não se encaixava muito bem à bondade divina. Nós também desejávamos que viesse o Messias para nos libertar do jugo estrangeiro, porém não a qualquer preço, não ao preço do ódio, da guerra, da violência.

Ainda estava tecendo estas conjecturas quando o anjo voltou a falar. Quem sabe pensava que eu ainda tinha dúvidas. O fato é que acrescentou: "Olha, também Isabel, tua parenta, concebeu um filho em sua velhice e este já é o sexto mês daquela que chamam estéril, porque nada é impossível a Deus".

Não havia necessidade deste argumento, porque eu já estava decidida. De modo que, para evitar que suspeitasse de minha vontade a aceitar o que Deus me pedia, precipitei-me a dizer-lhe o que gritava meu coração desde o primeiro momento, uma espécie de consentimento matrimonial, um "sim quero", que saía de mim com tanta força que me assustou, porque eu não estava acostumada a ímpetos semelhantes. "Eis aqui a escrava do Senhor", disse-lhe, "faça-se em mim segundo sua palavra".

Então Gabriel foi embora. Sorriu-me e se foi. Senti algo como um beijo em minhas mãos, como o roçar das asas de um pássaro suave e doce. Porém, o melhor foi seu sorriso. Durante todo o tempo que durou nosso encontro pareceu como se ele estivesse nervoso, mais ainda do que eu. Sua atitude era de expectativa de alguém que teme que possam duvidar de seu pedido e se joga todo nele. Depois compreendi que não só ele, mas também a criação inteira dependia de minhas palavras naquela noite de primavera. Todos aguardavam que uma insignificância como eu, uma menina de quinze anos que apenas começara a ser mulher, desse permissão ao Todo-poderoso para inaugurar uma nova criação, uma nova aliança, uma história de amor definitiva e eterna com um povo na qual cabiam todos os homens.

O fato é que eu disse "sim". Disse ao mensageiro para levar o recado ao Senhor. Não pensei demais nas palavras exatas. Foram as que me saíram da alma naquele momento. Sabe como são estas coisas: se te dessem tempo, comporias uma bela oração ou, até mesmo, a encomendarias a um rabino ou a um homem versado em letras. Mas, assim de repente, a uma pobre adolescente de aldeia só ocorreu usar a linguagem simples e vulgar a que estava acostumada, sem adornos nem sofisticação. Por isso falei em "escrava". Eu não era escrava. Meus pais eram livres e tínhamos a dignidade e desejos de liberdade que sempre caracterizaram nosso povo, indômito entre os indômitos e muito zeloso de suas tradições. Eu era e sempre fui contra a escravidão, por mais que algumas pessoas do povoado tivessem escravos em suas casas e que outros dissessem que sem a existência dos escravos nada funcionaria sob o ponto de vista econômico. Em minha casa isto de usar maus meios para bons fins nunca nos agradou, como nunca nos chegou a convencer o "mal menor" de que falavam alguns, geralmente para justificar algo injustificável.

Contudo, na hora de expressar meu consentimento, falei aquilo de escrava. Pode parecer uma bobagem, um contrassenso inclusive, uma vez que eu era contra a escravidão. Porém, tampouco me arrependo, apesar de terem passado tantos anos e de eu ter meditado muito sobre isso. Não só respondi prontamente, sem pensar, como também, se agora tivesse que repetir tudo de novo, eu diria o mesmo.

Quero ser escrava do Senhor. Somente do Senhor, isto sim. Porém, com todas as minhas forças. Ser sua escrava não significa não possuir dignidade nem carecer de liberdade, mas sim colocar minha liberdade a seu serviço e confiar minha dignidade aos seus cuidados. Ele sabe cuidar de mim muito mais do que eu mesma. Não fosse assim, aí estão tantos que se dizem livres e no entanto são escravos do vinho ou de vícios muito piores. Eu vivo por Ele e para Ele. Fui eu que escolhi, ninguém impôs nada, quando me foi pedida permissão para que pudesse nascer o Messias. Porém, devido à liberdade que tenho, digo-lhe: aqui me tens, sou tua escrava, podes fazer de mim o que quiseres, abandono-me em ti, utiliza-me para teus fins e só peço que sejas Tu a cuidar de mim. Sou obra de tuas mãos e não desejo outra coisa que ser um espelho que reflita tua glória e teu prestígio. Sou a escrava do Senhor. Sou sua esposa. Sou a Mãe de seu Filho. Porém, esta é outra história, querido João, que te contarei amanhã.

Maria, após este relato acima descrito, conta que nada sentiu em seu corpo. No dia seguinte, ela pensou que se tratava de um sonho. Maria teve medo e chegou a pensar que estava louca. Ela sabia das consequências de uma mulher estar grávida sem ter tido relacionamento sexual com o marido.

José afirma, no *Protoevangelho de Tiago* 19, que Maria concebeu pelo Espírito Santo. Já o *Evangelho de Felipe* e o *Evangelho armênio da Infância* afirmam que "o Verbo Divino penetrou em Maria através da orelha. Nesse instante, a natureza íntima do seu corpo, com todos os seus sentidos, experimentou uma grande comoção, a ponto de tornar-se purificada como o ouro no crisol".

Conceber pela orelha é um modo simbólico usado para afirmar que Maria era uma judia de fé. Ouvir e ouvido representam, no judaísmo, fidelidade aos ensinamentos de Deus. Quem ouve, isto é, interpreta bem, está no caminho de Deus.

A gravidez de Maria começou no dia 6 de abril, numa terça-feira, às três horas da tarde. Nesse instante, um anjo do Senhor apareceu na Pérsia para anunciar esse fato aos três reis mais poderosos daquele lugar. Eles eram irmãos descendentes de Balaão, magos e profetas. Seus nomes eram Melquior, rei da Pérsia; Baltasar, rei da Índia; e Gaspar, rei da Arábia. Quando o anjo chegou, eles estavam em uma reunião de família. Logo, eles se prepararam para a viagem.

6.4 Maria anuncia para seus pais: "Vou ser mãe"

A angústia de Maria atormentava o seu coração. Alguém precisava saber do ocorrido. Maria colocou tudo nas mãos de Deus. "Na confiança e no poder de Deus e em seu amor estava minha força. Coloquei-me em suas mãos e dormi. Já era quase dia. Foi apenas um pequeno descanso. Minha mãe entrou em meu quarto pouco depois. Com seu eterno sorriso sentou-se junto à minha cama e me despertou, brincando muito e chamando-me de dorminhoca.

Abri os olhos, cruzei os braços e, sem poder evitar, pus-me a chorar. Sentia muita necessidade de desabafar. Estava tranquila, acreditava em Deus sem a menor dúvida, porém tinha a responsabilidade de contar tudo a meus pais e isso não era uma tarefa insignificante.

Chorava com muita angústia e ao mesmo tempo com uma surpreendente paz. Minha mãe beijou meu rosto, acariciou-me os cabelos e perguntou se eu tinha tido um pesadelo, se me doía algo, se havia passado, enfim, uma noite ruim.

Pensei que ia morrer, quando comecei a falar. As palavras se negavam a sair. A boca ficou completamente seca. Tive que tossir várias vezes e no final disse-lhe, olhando os lençóis da cama em lugar de dirigir meu olhar a seus olhos: "Vou ser mãe". Depois, fiquei em silêncio.

O silêncio durou muito tempo. A mim pareceu uma eternidade. Foram vários minutos. Minha mãe estava junto a mim. Continuava segurando minha mão e por isso eu podia saber o que se passava em seu coração, o tamanho do desgosto que eu lhe havia dado, a decepção que sentia, a dor imensa que abalava sua alma santa. E ainda não sabia de nada sobre o pai da criança.

Ao fim de alguns momentos, pegou meu queixo e pediu-me que a olhasse de frente. Seus olhos estavam cheios de lágrimas como os meus. Olhamo-nos longamente e em seguida me abraçou. Não sei quanto tempo estivemos assim. Chorávamos as duas sem poder evitar. Eu por uma perspectiva, ela por outra, porém ambas pelo mesmo motivo.

Quando nos acalmamos, perguntou-me por José. Não quis saber quando tinha ocorrido o fato, nem como fora. Só me perguntou quando iria viver com José, porque dava como certo ser ele o pai. Então lhe contei tudo. O surpreendente foi que acreditou e que respirou aliviada. Realmente eu não tinha por que me surpreender, já que minha mãe era uma mulher de Deus e, mais do que as palavras e as verdades que eu dizia, por mais incrível que parecesse, o Senhor também estava trabalhando nela. Ofereci-lhe a oportunidade de provar que não tinha perdido a virgindade, ao que ela se negou veementemente, pois seria como se não acreditasse em minhas palavras. "Acredito em ti, filha", disse-me Ana. "Acredito porque a história que contas é incrível demais para que, se a tivesses inventado, pudesses conseguir a menor possibilidade de ser aceita. Acredito, também, porque jamais tive motivos para duvidar de ti. Tens sido uma filha exemplar. Nunca nos deste um desgosto, nem a teu pai nem a mim, e duvidar de ti, por mais difícil que seja aceitar tua palavra, seria uma ofensa que tu não mereces. Se eu não acreditasse em ti, estaria rompendo algo puro e limpo, a confiança que tu mereces. O Senhor também me contou algumas coisas. Faz muitos anos. Desde que nasceste, sempre tive a impressão de que eras mais sua do que minha e de teu pai. Não estou dizendo que tenha ocorrido algo de estranho em teu nascimento. Foste fruto de um amor autêntico entre Joaquim e eu. O que digo é que, tanto a teu pai como a mim, e a muitos outros de nosso povoado, sempre nos pareceu que por tua frente não passavam as mesmas águas turbulentas que passavam por todas as outras, incluídos os mais santos de nosso povo"[18].

18. Cf. *Evangelho Apócrifo da Virgem Maria*, p. 27-28.

Ana esperou Joaquim chegar em casa e contou para ele que Maria estava grávida. "Nossa filha está grávida", afirmou Ana. E ainda disse que ela não havia feito nada de mal, que continuava virgem e que dela nasceria o Messias. Os pais de Maria se alegraram com o fato. Abraçados e ajoelhados, eles louvaram a Deus pela escolha de Maria e de sua família. Temerosos com o desenlace dos fatos, decidiram mandar Maria para a casa da prima Isabel.

6.5 Maria foge para a casa da prima Isabel

É Maria mesma que relata a João: "Decidimos, pois, que essa mesma tarde eu sairia de Nazaré rumo ao sul, para a casa de nossa prima. A viagem era longa e muito difícil, inclusive perigosa. Mas, de Caná, com frequência, saíam caravanas até Jerusalém e talvez encontrássemos algum parente ou conhecido que quisesse nos acompanhar até Ain Karem" (*Evangelho secreto da Virgem Maria*, p. 32).

O *Protoevangelho de Tiago*, no capítulo 12, dá outra explicação para a visita de Maria à prima Isabel. "Maria, já grávida e esquecida do anúncio do Anjo Gabriel, foi a Jerusalém levar o véu do Templo e aproveitou para visitar a sua prima Isabel, que, já idosa, estava grávida de João Batista. Isabel a acolheu com a seguinte exclamação: 'Donde me vem a felicidade de ser visitada pela mãe de meu Senhor? O que está em meu seio saltou dentro de mim para bendizer-te'". E Maria elevou os olhos aos céus e disse: "Quem sou eu, Senhor, para que todas as mulheres da terra me proclamem bem-aventurada?"

O apócrifo *Natividade de Maria* acrescenta um comentário estranho. Maria, antes responder a Isabel com a saudação descrita acima, afirma que "ela, porém, se tinha esquecido dos mistérios dos quais tinha falado o Anjo Gabriel"[19]. E Maria permaneceu três meses com Isabel. Depois, voltou para a sua casa.

6.6 José recebe a notícia da gravidez de Maria

José, que somente no *Evangelho Apócrifo da Virgem Maria* ainda não vivia com Maria, recebe surpreso e com indignação a notícia da gravidez de Maria.

O *Protoevangelho de Tiago* conta que José voltou do trabalho e encontrou Maria grávida de seis meses[20]. Ele chorou amargamente e se culpou por não ter preservado a virgindade de Maria, que por sua vez lhe disse que não a havia perdido.

Quando a noite chegou, em sonho, um anjo apareceu a José e lhe disse: "Não temas por esta jovem, pois o que traz em seu seio é fruto do Espírito Santo. Dará à luz um filho e lhe porás o nome de Jesus, porque Ele salvará seu povo de seus pecados". E José compreendeu tudo e acolheu Maria e o mistério que nela se realizava.

O apócrifo *História de José, o carpinteiro* conta que José, ao encontrar Maria grávida, abalado e cheio de espanto,

19. Cf. Natividade de Maria: papiro Bodmer 25,10. In: MORALDI, Luigi. *Evangelhos apócrifos*. São Paulo: Paulus, 1999, p. 76.

20. *História de José, o carpinteiro* fala de três meses.

pensou em abandoná-la secretamente. Sentiu-se tão desgostoso que não quis comer nem beber naquele dia.

O Evangelho Apócrifo da Virgem conta que Joaquim conversou com José sobre o fato. Um mês depois que Maria estava com Isabel, os pais enviam uma carta para Maria pedindo para ela voltar e afirmando que José havia compreendido o fato da sua gravidez como obra de Deus. A carta, cheia de carinho maternal, diz: "*Shalom, querida filha. Que o Senhor continue protegendo-te e te mostre sempre, como até agora, seu rosto. Nós, tua mãe e eu, estamos bem, desejando a tua volta. Sem ti nossa casa está vazia e só a certeza de que tudo o que ocorre é querido por Yaweh serve-nos de consolo. Espero que tu também estejas bem, como nos fizeste saber quando chegaste à casa de Isabel. Peço-te que a saúdes de nossa parte agradecendo a hospitalidade com a qual te brinda.*

Escrevo-te para que saibas que podes voltar quando quiseres. Tudo correu do melhor modo possível, embora não tenha sido fácil no princípio. Contar-te-ei tudo com detalhes no teu regresso, porém somente adianto que, por um momento, estiveste a ponto de ser repudiada. Tive que pedir a intervenção do Senhor e o fiz de tal modo que José não só deixou de colocar dificuldades como te espera de braços abertos e se considera um afortunado de acolher a ti e a teu filho em sua casa.

Vem logo, filha. Tua mãe e eu necessitamos de ti ao nosso lado. Temos sofrido tanto que só a tua presença pode agora nos confortar. Queremos cuidar de ti e também, perdoa que te diga, servir-te. Morremos de vontade de ter-te novamente em nossos braços. Já falei com Manassés e logo regressará uma caravana dele que partiu faz duas semanas para Jerusalém. Pede a Zacarias que te acompanhe ao cruzamento dos caminhos e não faças a viagem sozinha.

Cuida-te, luz de nossos olhos. Que o Senhor te cubra com sua paz. Saudações de tua mãe e minhas. Joaquim"[21].

Depois destes fatos, Maria voltou para Nazaré.

6.7 O povo zomba de Maria, que é levada ao tribunal

A gravidez de Maria provocou escândalo entre o povo, pois ela ainda era prometida em casamento, era noiva de José, como vimos anteriormente. As moças de Nazaré diziam: "Olha, olha, tão boa como parecia Maria, tão santinha. Olha para esta mosca morta, grávida, e aí está – para que não te fies em águas mansas"[22].

José foi repreendido pelo pontífice e sacerdotes. Ele e Maria foram levados ao tribunal para serem testados, conforme previa a tradição de Israel, descrita em Nm 5,11-29. O sacerdote intervia em casos em que a mulher era considerada infiel ou em que o marido havia se tornado ciumento. A mulher teria que jurar diante do sacerdote e do altar que não era culpada. Em seguida tomaria água com uma porção de ervas amargas. Caso fosse culpada, o seu sexo murcharia, o ventre incharia e ela seria maldita em Israel. Caso contrário, ela seria considerada inocente e fecunda.

O *Evangelho do Pseudo-Mateus* (12,2-4)[23] conta que no caso de Maria "reuniu-se então grande multidão do povo

21. Cf. *Evangelho Apócrifo da Virgem Maria*, p. 39-40.

22. *Evangelho Apócrifo da Virgem Maria*, p. 40.

23. Cf. TILLESSE, Caetano Minette de. *Extracanônicos do Novo Testamento*, I, p. 196-197.

e ela foi conduzida ao templo. Sacerdotes, afins e parentes choravam, dizendo a Maria: Confessa aos sacerdotes teu pecado. De fato eras como pomba no Templo de Deus e recebias o alimento das mãos de anjo. José foi chamado novamente ao altar e lhe foi dada a água da bebida do Senhor. Se um mentiroso tomasse dessa água e desse sete voltas em torno do altar, receberia de Deus um sinal no rosto. José bebeu tranquilo, deu as sete voltas em torno do altar e nele não apareceu sinal algum de pecado. Então todos os sacerdotes, os servos e a multidão declararam-no justo, exclamando: Foste justificado, porque em ti não foi encontrada nenhuma culpa. Chamaram depois Maria e lhe disseram: E tu, que desculpa podes ter? Que sinal pode aparecer em ti, que seja maior do que a gravidez de teu ventre? Ela te trai. Porque José é puro em relação a ti, pedimos que confesses quem foi que te traiu. É melhor que tu o reveles com tua confissão do que a ira de Deus te manifeste infiel no meio do povo, imprimindo um sinal no teu rosto. Então Maria, intrépida, disse com firmeza: Senhor Deus, rei de todos, Tu conheces os segredos: se em mim existe mancha ou pecado, concupiscência ou impudicícia, manifeste-o diante de todos os povos a fim de que para todos eu me torne um exemplo de castigo. Assim dizendo, aproximou-se do altar do Senhor, bebeu da água da bebida e deu as sete voltas em redor do altar e nela não apareceu mancha.

O povo estava fora de si de espanto: via o ventre grávido, mas não via aparecer nenhum sinal na sua face. O povo começou então com excitação a comentar as opiniões mais diversas. Alguns diziam: é santa e imaculada; outros, ao contrário: é má e contaminada. Maria, então, vendo-se tida como suspeita pelo povo e como tendo alguma culpabilidade no caso, disse em voz clara, para ser ouvida por todos: Juro pelo Senhor Adonai, Senhor dos Exércitos, diante do qual estou, que nunca tive relações com homem algum. Porque desde a minha infância tomei essa decisão e fiz o voto de permanecer virgem para aquele que me criou. Tenho confiança de viver só para Ele e de servir só a Ele. Enquanto eu viver, permanecerei nele sem mancha. Então todos se puseram a beijar seus pés e a abraçar seus joelhos, suplicando-lhe que perdoasse suas más suspeitas. A multidão, os sacerdotes e todas as virgens conduziram-na à sua casa com grande exultação e júbilo, gritando: Bendito seja o nome do Senhor pelos séculos, porque manifestou sua santidade a todo o seu povo Israel".

O interessante neste relato apócrifo é que José também faz o teste e é considerado inocente. Mais uma vez a virgindade de Maria é narrada como valor absoluto.

7

Maria, a mãe de Jesus

O parto de Maria foi antecedido por uma viagem até Belém. O nascimento de Jesus ocorre nas cercanias de Belém. Vejamos como isso ocorreu e qual foi o papel de Maria.

7.1 Maria viaja com José para Belém

O motivo da viagem de José a Belém foi por causa da ordem do Imperador Augusto, que exigiu que se fizesse o censo de todos os habitantes. José disse: "Quanto a mim, farei inscrever meus filhos. Mas, em relação a esta jovem, que devo fazer? Como farei a sua inscrição? Como minha mulher? Não ouso fazê-lo. Como minha filha, então? Os filhos de Israel sabem que ela não é minha filha. Este é o Dia do Senhor. Ele fará como for de sua vontade". E José arreou seu animal de sela e fez Maria assentar-se sobre ele. Seu filho conduzia o animal e Samuel a acompanhava. Quando estavam a três milhas, José voltou-se para Maria e a viu abatida. Dizia consigo mesmo: "Talvez o estado de gravidez a faça sofrer". De novo José se voltou para ela e a viu sorridente. Perguntou-lhe: "Que te está acontecendo, Maria, que vejo teu rosto ora sorridente ora triste?" Respondeu-lhe: "José, é porque diante de meus olhos vejo dois povos: um que chora e se lamenta; e outro que ri e se alegra"[24].

Maria, no *Evangelho secreto da Virgem*[25], conta para João como foi a viagem até Belém. "Tratava-se de um decreto do Imperador Augusto, válido para todo o império e, portanto, também para Israel. Porém, para José e para mim o problema era muito diferente. José era da estirpe de Davi. Via-se forçado a ir a Belém, que se encontra ao sul de Jerusalém. De Nazaré, e em meu estado, era uma longa viagem de uma semana, parecia com aquela que eu havia feito quando fui à casa de Zacarias e Isabel. Corríamos muitos riscos: risco de abortar, pois meu estado era muito adiantado e a viagem era fatigante, e risco de sofrer atentados e pilhagens, não só por parte de bandidos como também dos zelotes, que em seguida ameaçaram matar aqueles que seguissem as ordens de Augusto, acusando-os de idólatras e colaboracionistas. Riscos dos mais diversos, pois não sabíamos o que poderíamos encontrar em Belém, já que eram muitos em Israel os que tinham sua origem em Davi e, se todos regressassem, não haveria acomodações no povoado. Sem dúvida, teríamos que obedecer. Uma vez mais nos sentimos como um pé de cana açoitado pelo vento. Olhamo-nos segurando a mão um do outro e com preocupação nos olhos. A criança se movia dentro de mim e não parava de dar golpes, o que contribuía para deixar-me mais nervosa, pois lembrava a iminência do seu nascimento, da fragilidade do seu estado e do meu. Eu estava permanentemente cansada. Era meu primeiro parto e não possuía experiên-

24. *Protoevangelho de Tiago* 17,1.

25. Cf. p. 69-71.

cia alguma de como suportar aquele cansaço que se apoderava inteiramente de mim e que me deixava quase inútil nas primeiras horas da tarde. "Que vamos fazer, Maria?", perguntou meu marido. "Se não formos, teremos muitos problemas com os romanos. Se nos pusermos a caminho, teremos que nos arriscar a um ataque de zelotes e a pormos a ti e a nosso filho em perigo pela dureza da viagem". José, respondi sorrindo para tranquilizá-lo, parece-me que teremos que nos acostumar às surpresas. Já me surpreendi tantas vezes nestes oito meses, tenho a certeza que esta não será a última. Não esqueças do que falamos: somente acreditando em Deus e que Ele está por trás de tudo isto, inclusive do mais incompreensível, estaremos a salvo. Se duvidarmos, se ficarmos nervosos querendo aplicar a todo custo nosso plano, é mais provável que nos equivoquemos. Não crês tu que se Deus se preocupou tanto empreendendo esta obra, a do nascimento do Messias, não permitirá agora que tudo se complique por força de uma ordem do imperador romano? Não é Ele maior e mais poderoso do que todos os senhores da terra? Novamente, José, repito as palavras do profeta, palavras que nunca deveremos esquecer: "Na confiança está vossa força". Portanto, vamos nos preparar para partir o quanto antes.

Não demoramos muitos dias para nos preparar. Como não éramos os únicos a viajar, organizaram-se numerosas caravanas em todas as partes do país, com o que os caminhos ficaram praticamente lotados. Era um problema a mais, porém era uma medida de proteção contra os bandidos.

Meu marido preparou para mim, com todo o esmero, um burrico que tínhamos em casa e fez uma espécie de cesta na qual eu poderia ir protegida do sol e com relativa comodidade. Ele foi andando sempre ao meu lado, conduzindo as rédeas do animal. Felizmente este era tão manso que não nos deu um susto sequer em todo o caminho. Nessa ocasião, não fizemos escala em Ain Karem para não nos desviarmos da rota e não tardarmos em chegar a Belém. Tampouco passamos por Jerusalém, rodeando-a para evitar a enorme aglomeração de pessoas que havia na cidade, o que me cansava só em apreciar de longe. Paramos, quase no início da viagem, em Caná, na casa de Manassés e Lia. Tinham assistido ao nosso casamento e nos ofereceram um esplêndido presente, que muito nos ajudou economicamente nos primeiros passos da nova vida. Agora nos acolhiam com o agrado de sempre, facilitando nossa viagem até Jerusalém, pois Manassés havia organizado várias caravanas para conduzir os peregrinos por toda Israel, que, como José, tinham que cumprir as ordens do imperador. Lia mostrou-me o pequeno Levi, que havia crescido bastante durante esse tempo, e fez com que me beijasse enquanto pedia que eu continuasse rezando por ele, pois não queria que estivesse são somente de corpo, mas também de espírito.

A história continua com a narração de Maria a João sobre a oferta de Manassés a José, rejeitada por José, mas acolhida por Maria. E eles partiram para Belém.

7.2 Perto de Belém havia uma gruta e uma vaca

"Chegamos a Belém no meio da manhã. Soubemos, por outros peregrinos, que a cidade de Davi estava abarrotada de gente. A cidade era pequena e não tinha capacidade para acolher a tantos que se diziam descendentes do grande rei de Israel. De fato, muitos decidiram instalar-se em Jerusalém ou em outras aldeias até que pudessem efetivar a inscrição no registro romano. Mas, nós, acossados como estávamos com a proximidade do parto, não poderíamos nos permitir ao luxo de estar indo e vindo, e José não queria de maneira alguma me deixar só. Assim não tivemos outro remédio a não ser buscar acomodação em alguma pousada ou casa que se dispusesse a nos acolher"[26].

Maria conta para João como foi difícil alojar-se em Belém. De nada valeram as cartas de recomendação de Manassés. Os dois albergues da aldeia estavam lotados.

E a narrativa do *Evangelho secreto da Virgem Maria* (p. 70-76) continua: "José estava nervoso. Conduzindo o burrico pela rédea, levava-me de casa em casa pedindo, por favor, um lugar. Inclusive mostrava-me às mulheres para ver se se compadeciam de mim, alegando que estava prestes a dar à luz. Todas as casas estavam cheias, principalmente de familiares, embora algumas tivessem alojado estranhos como nós, mas que tiveram a sorte de chegar antes. Não é que nos trataram mal. Muitas mulheres se compadeciam de mim e me prometiam ajuda para quando ocorresse o parto, mas ao mesmo tempo me mostravam a casa cheia de gente e incapaz de abrigar mais alguém.

Por fim, uma senhora, ao ver nossa agonia, falou-nos de algumas grutas que se localizavam na saída da aldeia, no início do grande vale. "Ali", disse, "somen-

26. *Evangelho secreto da Virgem Maria*, p. 71.

te se abriga o gado, mas é provável que possam encontrar algum lugar para se abrigarem, ao menos por uma noite". De fato, o tempo havia passado e, de tanto ir de casa em casa, o dia estava acabando e as sombras da noite já se faziam sentir. Decidimos experimentar e, perguntando aqui e ali, chegamos às grutas, que, efetivamente, não se localizavam muito longe da aldeia. Não havia ninguém nelas. As ovelhas, principal gado do povoado, estavam mais abaixo, no vale, onde se encontram os pastos de inverno. As grutas eram labirintos de mais cumprimento do que largura e resolvemos nos acomodar na que estava mais próxima à entrada, em parte porque aí o odor não era tão forte.

João, se visse aquele ambiente, tua alma viria aos pés. Era uma gruta como tantas outras, mas que, além do mais, servia de abrigo para o gado e se encontrava repleta de excrementos. O cheiro era insuportável e dava medo olhar a negrura de seus recôncavos. José entrou nela com uma tocha acesa e voltou assegurando-me de que estava vazia. Cansada, limpei como pude um canto e ali estendemos nossas mantas e nos dispusemos a passar a noite. O burrico ficou junto de nós, para nos proporcionar calor com seu corpo.

Tive que tranquilizar novamente José, embora confesso que aquela noite eu também necessitava que alguém me tranquilizasse. Como sabes, somos nós, as mulheres, que temos de nos fazer de fortes mesmo que estejamos tremendo por dentro. Meu pobre José estava desmoralizado ao ver aquele quadro miserável.

Não é este o lugar adequado para nascer o Messias, disse com ênfase. Amanhã mesmo vamo-nos daqui. Ao preço que for, conseguirei um lugar digno para ti e para ele. Que tipo de homem sou eu, concluiu o pobre José, se não sou capaz de encontrar um lugar decente para o nascimento de meu filho enviado por Deus para salvar seu povo?

Querido, respondi, não fique nervoso. Lembra o que aconteceu a teu antepassado, o Rei Davi, por cuja causa estamos aqui esta noite. Ele também quis edificar um grande templo ao Senhor e *Yaweh* não aceitou. Quem sabe tenha querido dar-lhe uma lição. É possível que também a nós e aos demais homens queira ensinar algo com esta humilhação pela qual passamos...

Assim dormimos aquela noite. Tínhamos um pouco de frio, apesar do calor de nosso burrico, mas também aquilo oferecemos ao Senhor. Pela manhã, José saiu à procura de outro lugar. Dizia que não ficaria tranquilo se não tentasse encontrar algo melhor. Eu estava segura de que tudo aquilo não era casual e que, por algum motivo que eu não entendia, mas que começava a perceber, tudo estava nos planos do Todo-poderoso. Assim, resolvi fazer de nosso pedaço de gruta um lugar relativamente limpo e confortável. Por isso, quando José voltou, desencorajado e com todas as negativas do mundo sobre ele, encontrou um lugar muito mais acolhedor do que havia deixado. Trazia comida e alguma roupa que comprara a preços altos, pois os comerciantes estavam se enriquecendo explorando estrangeiros como nós.

Estávamos comendo nosso pão com azeite e queijo, quando chegou um camponês. Trazia consigo uma vaca e se surpreendeu ao nos encontrar ali. Irritado, perguntou quem havia dado permissão, pois aquela gruta era sua e ali abrigava seu gado, entre outros, aquela vaca que acabava de ordenhar e que não pudera deixar na noite anterior porque não tivera tempo. Agora o animal deveria ocupar seu posto e nós teríamos que ir embora da gruta imediatamente. Eu pensei: "Até isto, Senhor, teremos que aceitar? Que uma vaca seja preferida a teu enviado? Que o Salvador de Israel deva nascer no campo, com frio e medo, para que um animal fique abrigado? Não temos casa, e os animais ainda têm preferência sobre nós. Senhor, que nisto, como em tudo o mais, faça-se a tua vontade. Estamos em tuas mãos, meu filho inclusive, e não serei eu quem vai duvidar de tua providência amorosa". Assim, segurei a mão de José, que estava discutindo com o camponês argumentando sobre o meu estado de saúde, e pedi que saíssemos da gruta. Fomos embora. Não pude evitar uma lágrima, porém foi só uma. Interiormente perdoei aquele homem, para que não ficasse em mim um rastro de ira sequer, pois sentia que qualquer sentimento ruim faria dano a meu filho, mais dano do que o frio intenso em pleno inverno.

De imediato saímos para onde se encontrava nosso burrico, pois, durante o dia, não o quisemos colocar dentro da gruta. Ali estava também a vaca. Olhou-nos com os olhos assombrados e tontos que possuem estes animais e continuou comendo a erva escassa que havia no solo. Eu já subia no burrico e nos dispúnhamos a ir quando apareceu o cidadão com uma de nossas mantas na mão. Estava mal-humorado, mais consigo mesmo do que conosco. Atirou-nos a manta sem dizer palavra e tocou a vaca para dentro da gruta. Mas o animal não se moveu. O camponês deu a volta surpreso e começou a ralhar: Que se passa contigo? Tu és o animal mais manso da aldeia, venha, move-te ou te faço mover a pauladas.

José e eu olhávamos surpresos e um pouco compadecidos do animal. A vaca, impassível, separou um pouco mais as patas e resistiu às tentativas do homem. Este agarrou uma estaca e começou a golpeá-la ferozmente, descarregando no animal toda a ira que sentia contra si mesmo por sua má ação. O animal permaneceu quieto. Com a cabeça baixa, aguentava os golpes. De vez em quando nos olhava e continuava suportando a tremenda surra. O único ruído que se ouvia era de nosso burrico que, de repente, começou a ficar agitado, obrigando a me abaixar para não cair de seu dorso. Assim foi, até que aquele homem se cansou. Olhou para José e para mim, que continuávamos consternados ante sua explosão de cólera e não nos atrevíamos a intervir para que não descarregasse sobre nós sua ira. Finalmente, suando muito, parou de golpear o animal que sangrava em vários locais do corpo e se voltou para nós. "Aí tendes a gruta", disse, e também a vaca. Sabe Deus por que não quer entrar. Quem sabe ela tem mais coração do que eu, que estive a ponto de obrigar uma mulher a dar à luz na rua. Ficai em paz, dizia com a voz entrecortada pelo cansaço, e podeis me dar qualquer coisa pelo aluguel da gruta e do animal. Aproveitai. E se foi. Quis agradecer-lhe, porém José me impediu. O ambiente não era propício para coisa que não o silêncio. Mais tarde tivemos ocasião de nos tornar seus amigos e compreender a amargura de seu espírito.

José me fez descer suavemente do burrico e me ajudou a entrar na gruta, cuidando para que eu não caísse. Sorrindo, disse: Lembra da burra de Balaão? Nesse caso, a vaca não falou, mas foi muito explícita na hora de defender os direitos do Messias. Teremos que cuidar dela.

Assim nos instalamos naquela bendita gruta que tantas boas recordações me traz. Chegamos a Belém por um decreto de um longínquo imperador que não sabia nada de nós e muito menos se importava conosco, mas permitiu que se cumprissem as escrituras e que meu filho, da descendência de Davi, pudesse repetir o que dissera o Profeta Miqueias: E tu, Belém, terra de Judá, não és a menor entre os principais clãs de Judá, porque de ti sairá um chefe que apaziguará o meu povo Israel.

7.3 Maria dá à luz Jesus

O *Protoevangelho de Tiago* 17,3 também menciona a gruta perto de Belém e conta que "quando eles chegaram no meio do caminho, Maria disse a José: José, desce-me do animal, porque o fruto de minhas estranhas me faz pressão para sair. Ele a fez descer ali e disse-lhe: Aonde poderei levar-te para resguardar o teu pudor? O lugar é deserto. Encontrou ali uma gruta e conduziu-a para lá. Deixou-a aos cuidados de seus filhos e saiu em busca de uma parteira na região de Belém".

José saiu à procura de uma parteira. Encontra uma hebreia que concorda em realizar o parto. Ao chegar perto da gruta, ela e José presenciam uma nuvem escura que encobre e cede lugar para uma grande luz que os cegava. Logo em seguida entram na gruta e deparam com Maria e Jesus, o recém-nascido, mamando em Maria. A parteira exaltou Jesus como Salvador de Israel, dizendo: "Minha alma foi hoje engrandecida, porque hoje meus olhos viram coisas maravilhosas; pois nasceu a salvação para Israel".

8

A virgindade de Maria

Maria, ao dar à luz Jesus, mantém-se virgem. Já quando Maria morava no Templo, ela foi chamada de "Rainha das Virgens" pelas suas companheiras, o que foi confirmado pelo anjo[27].

A virgindade de Maria no momento da concepção e na vida matrimonial com José tem muita importância para os evangelhos apócrifos. O que isto significa? É o que veremos a seguir.

8.1 Maria dá à luz e mantém-se virgem

Quando a parteira hebreia saiu da gruta, chegou uma outra parteira, Salomé, que ouviu da primeira: Salomé, Salomé, tenho uma inaudita maravilha para contar-te: uma virgem deu à luz; coisa que não é compatível com sua natureza. Respondeu Salomé: Tão certo como vive o Senhor meu Deus, se não introduzir meu dedo e não examinar sua natureza, não acreditarei que a virgem deu à luz.

27. Cf. *Evangelho do Pseudo-Mateus* 9,5.

A parteira (Salomé) entrou e disse: Prepara-te, Maria, porque há entre nós uma pequena dúvida a teu respeito. Ouvindo isto, Maria preparou-se. Salomé soltou um grito: Ai de mim! Pela minha maldade e pela minha incredulidade. Tentei o Deus vivo. Eis que minha mão atingida pelo fogo se desprende de mim. E Salomé dobrou os joelhos diante do Soberano Senhor, dizendo: Ó Deus de meus pais, lembra-te de mim, pois sou descendente de Abraão, de Isaac e de Jacó. Não faças de mim um escarmento para Israel, mas restitui-me aos pobres. Sabes, Soberano Senhor, que em teu nome realizava curas e que de ti recebia meu salário.

Eis que apareceu um anjo do Senhor, e lhe disse: – Salomé, Salomé, o Soberano Senhor de todas as coisas ouviu tua prece. Aproxima do menino a tua mão, toma-o em teus braços, e ele será tua salvação e tua alegria. Cheia de júbilo, Salomé aproximou-se do menino e tomou-o em seus braços, e disse: – Eu o adorarei, porque Ele nasceu para ser o rei de Israel. No mesmo instante, Salomé foi curada e saiu justificada da gruta. Ouviu, então, uma voz que dizia: – Salomé, Salomé, não divulgues as maravilhas que viste, enquanto o menino não chegar a Jerusalém"[28].

Maria recebeu a visita de três Reis Magos. Como ela mesmo conta, um deles, de nome Melchior, a chama pelo nome de "Senhora, mãe do Salvador de Israel e de todas nações"[29].

28. Cf. *Protoevangelho de Tiago* 20.

29. Cf. *Evangelho secreto da Virgem Maria*, p. 93.

Jesus, na *História de José, o carpinteiro*, capítulo 7, diz: "E Maria, minha mãe, deu-me à luz ao voltar de Belém, junto ao túmulo de Raquel, esposa do patriarca Jacó e mãe de José e de Benjamim".

Os relatos acima sustentam a fé na virgindade de Maria no momento do parto. Maria não sentiu dores, quando Jesus nasceu. Deste modo, ela é a nova Eva de Gênesis, condenada por causa do pecado a sentir dores de parto. Inaugura-se, então, um novo tempo para a humanidade. Com o nascimento de Jesus de Maria Virgem, a dor e o sofrimento dos pecados são anulados. Simbolicamente nasce uma nova humanidade.

Nisto está o belo destes textos apócrifos. A luz que aparece no momento do nascimento de Jesus é a luz do Sinai, quando Moisés recebe como dom a *Torá*, os Dez Mandamentos. O teste realizado por Salomé é a certeza que Deus se encarnou no meio de nós. As duas parteiras simbolizam que as mulheres têm o papel de certificar a vinda do novo Moisés, o Salvador, Jesus. O número dois confirma que o testemunho é válido. Há de considerar, no entanto, que o testemunho de mulher não é considerado válido no judaísmo.

8.2 Maria mantém a virgindade durante o casamento

Durante o período do matrimônio entre José e Maria, o estado virginal de Maria é respeitado. É o que conta Maria, em *Evangelho secreto da Virgem Maria*[30]: "Jo-

30. Cf. p. 64-65.

sé se comportou como um homem de Deus que era. Enquanto falava, estava muito sereno e notei que lhe custava assumir o fato de que nossas relações não seriam normais como marido e esposa. Porém notei também que aceitava tudo porque sabia que era Deus que pedia. Mal terminei de falar levantou-se, deu volta à mesa e me pediu permissão para beijar-me na fronte. Dei-lhe permissão, abraçou-me e disse-me ao ouvido: Amada minha, disseste-me o mais importante que eu precisava ouvir, sem o que minha alma estaria penando a vida toda, ainda que viesse a passar por tudo pelo amor a Deus e a ti. Disseste-me que me querias, que vais ser minha mulher e que estás enamorada de mim. Tudo o mais é supérfluo. O amor, compreendi nestes dias, não é só um contato físico. Respeitarei tua virgindade e te oferecerei a minha, para que sejam úteis ao Senhor. Em nossa casa só haverá amor, e nesse amor educaremos nosso filho que, como disseste, é também meu. Por ele e por ti lutarei como um leão e te asseguro que não haverá pai na Galileia mais abnegado que eu na hora de defender a minha família. Para mim é suficiente que tudo isso seja o que Deus quer. E que me amas é o maior presente que podia esperar do Altíssimo e da vida.

Não houve mais, João, eu te asseguro. E assim foi sempre. Gestos de ternura entre nós, se houve, é porque éramos marido e mulher. Porém nunca, absolutamente, houve nada mais. Compreendo que aos gregos e romanos seja difícil entender isto, tão relaxados como são seus costumes. Porém, o fato de não entender que duas pessoas possam conviver, querendo-se muito e permanecendo virgens, é crer que o homem é um animal, que come quando tem fome e copula quando lhe apetece. Nós, José e eu, nos colocamos nas mãos de Deus porque sabíamos que a tarefa era árdua e nunca nos faltou a sua graça. Quando nasceu nosso filho, a casa se encheu de sua presença e, asseguro-te, nos proporcionou tanto, que o sagrado se tornou cotidiano e, verdadeiramente, como me havia dito Isabel, sentíamos o andar do Senhor entre as panelas da cozinha e entre as madeiras e pregos da carpintaria. Estando a seu lado, vendo-o crescer, sentíamo-nos cheios de sua presença. Quem teria alma e inclusive corpo para outra coisa que não fosse viver por Deus e somente para Ele?

9

Maria vive no Egito

O nascimento de Jesus provocou a perseguição de Herodes aos inocentes. Ele mandou matar as crianças com menos de dois anos de idade. Quando Maria teve notícia de que as crianças estavam sendo massacradas, encheu-se de medo. Ela tomou o menino, envolveu-o em faixas e o colocou em uma manjedoura de bois, conta o *Protoevangelho de Tiago* 22,1.

Na *História de José, o carpinteiro* 8, Jesus conta que o seu Pai revelou, em visão, a José que ele deveria ir para o Egito, e também que ele (Jesus) ia reclinado nos braços de sua mãe, na companhia de Salomé e Tiago.

9.1 Na viagem para o Egito: Maria tem medo das feras

A viagem para o Egito foi marcada pela presença de animais que os seguiam. Leões e leopardos adoravam a Jesus e reverenciavam-se diante de Maria. Diz o *Evangelho do Pseudo-Mateus* 19,1-2: "Os leões e os leopardos o adoraram e o acompanhavam no deserto. Aonde José e Maria iam, eles os precediam, mostrando o caminho e inclinando a cabeça. Prestando-lhes serviço, faziam festa com a cauda e o adoravam com grande reverência. A primeira vez que Maria viu leões, leopardos e outras feras andando em volta deles, assustou-se muito. Jesus, olhando-a com rosto sereno, disse: Mãe, não temas. Eles não vêm para fazer-te mal, mas para homenagear a ti e a mim. Com essas palavras, afastou o temor do coração dela".

O relato continua dizendo que também bois, jumentos, animais de carga, ovelhas e cordeiros, lobos caminhavam todos juntos, sem nenhum agredir o outro. Isto ocorreu para cumprir a profecia de Is 11,6-7: "o leão e o boi comerão palhas juntos".

Com o relato acima, o autor, ou comunidade que produziu o texto, quis mostrar a natureza reverenciando a Maria e Jesus. Os animais, mesmo ferozes, controlam o instinto diante da família de Nazaré. Mesmo sendo fantasioso, o objetivo do texto é também mostrar como Deus age protegendo os seus escolhidos.

9.2 Maria deseja comer frutos de uma palmeira

É também do *Evangelho do Pseudo-Mateus* 20,1 o seguinte relato: "No terceiro dia de viagem, Maria, esgotada pelo calor excessivo do sol, avistou uma palmeira e disse a José: Quero repousar um pouco na sombra (daquela árvore). José apressou-se em conduzi-la junto à palmeira e fê-la descer do jumento. Quando Maria se sentou, olhou para a copa da palmeira e viu-a cheia de frutos e disse a José: Gostaria, se fosse possível, comer alguns frutos desta palmeira. José respondeu: 'Estranho que tu me digas: queria comer algumas frutas dessa palmeira. Será que não vês a altura dessa palmeira? E mesmo assim queres comer do fruto dela? Eu me preocupo, antes, da falta de água. Já secaram nossos odres e não temos o que comer nem nós nem os jumentos'.

Então o menino Jesus, que repousava feliz no seio de sua mãe, disse à palmeira: 'Árvore, dobra teus ramos e restaura minha mãe com teus frutos'. Imediatamente à sua ordem, a palmeira inclinou sua copa até aos pés de Maria e eles colheram de seus frutos até se saciarem todos. Depois que colheram todas as suas frutas, a palmeira permanecia inclinada, aguardando, para se levantar, a ordem daquele que a fizera se inclinar. Então Jesus lhe mandou: 'Palmeira, ergue-te, fortalece-te e sê companheira das minhas árvores, que estão no Paraíso de meu pai. E agora abre, com tuas raízes, o veio de água que está escondido na terra, para que dele brote água para desalterar nossa sede'. Logo a palmeira se ergueu e de sua raiz começou a jorrar uma fonte de água limpidíssima, muito doce e gelada. Vendo a fonte de água, alegraram-se demais e saciaram a sua sede, assim como os jumentos e os animais e deram graças a Deus". E no dia seguinte eles partiram dali.

Este episódio quer mostrar como o desejo da mãe é plenamente realizado pelo seu filho, mesmo ainda um bebê. Um filho sempre deve proteger a mãe, sobretudo na sua idade avançada, afirma a tradição de Israel no Decálogo. Aqui, no entanto, Jesus bebê já cumpre o mandamento. Irreal a cena? Não importa! Jesus é Deus e poderia realizar tal ato. Se não fez poderia fazê-lo. Esta é a intenção do autor.

9.3 Ao chegar no Egito Maria entra em um templo e os ídolos se despedaçam

Após mais alguns dias de viagem, eles chegaram ao Egito. "Cheios de alegria, chegaram às fronteiras de Hermópolis e entraram numa cidade do Egito chamada Sotina. Já que nela não havia nenhum conhecido deles, onde pudessem se hospedar, entraram num templo, chamado Capitólio do Egito. Neste templo havia 365 ídolos, aos quais todos os dias (do ano) eram tributadas as honras divinas (de modo sacrílego).

E aconteceu que, quando a bem-aventurada Maria entrou no templo com a criancinha, todos os ídolos caíram despedaçados por terra, demonstrando assim que nada eram. Realizou-se, então, o que foi dito pelo Profeta Isaías: "Eis que o Senhor montado em uma nuvem veloz vai ao Egito e os ídolos fabricados por mãos de homens são sacudidos diante dele" (Is 19,1).

A notícia do acontecido foi levada a Afrodísio, governador daquela cidade, e ele foi ao templo com todo o seu exército. Os sacerdotes do templo, quando viram Afrodísio com todo o seu exército, pensaram que ele vinha vingar-se daqueles que tinham sido a causa da queda dos ídolos. Mas quando ele entrou no templo e viu todos os ídolos prostrados com a cara no chão, aproximou-se de Maria e adorou a criança que estava no colo dela e falou a todo exército e aos seus amigos: – "'Se esse não fosse o Deus de nossos deuses não teriam caído com o rosto em terra. Assim eles o reconhecem silenciosamente como seu Deus. E nós, se não fizermos o que vimos que nossos deuses fizeram, corremos o perigo de provocar a sua indignação e de sermos exterminados, como aconteceu ao faraó, rei do Egito, que não quis acreditar em tantos prodígios e foi afogado no mar com seu exército'. Então toda a população daquela cidade acreditou no Senhor Deus, por meio de Jesus Cristo"[31].

O relato acima tem como centro Jesus. No entanto, Maria tem papel importante, o de levar no colo o Filho de Deus. A conversão dos egípcios daquele lugar quer mostrar como os reinos vão se convertendo a Jesus. Mais tarde, diante da pregação e milagres dos apóstolos, o mesmo acontece. É o que conta *Atos Apócrifos dos Apóstolos*[32].

9.4 A permanência no Egito

Maria, José e Jesus viveram no Egito, possivelmente numa colônia judaica, na cidade de Alexandria. Sobre o tempo de permanência deles no Egito temos duas informações.

Em *História de José, o carpinteiro* 8,3 Jesus conta para os apóstolos: "Descemos ao Egito e ali permanecemos um ano, até que o corpo de Herodes se tornou pasto dos vermes. Ele morreu, com justo castigo pelo sangue

31. Cf. *Evangelho do Pseudo-Mateus* 22,2–24,1.

32. Neste sentido, veja o nosso livro *A vida secreta dos apóstolos e apóstolas à luz dos atos apócrifos*. Petrópolis: Vozes, 2005.

dos meninos inocentes que ele fez derramar. Quando morreu Herodes, voltamos a Israel e fomos viver numa cidade da Galileia, de nome Nazaré".

Já no *Evangelho secreto da Virgem* (p. 98), Maria afirma: "Ali (Egito) vivemos alguns anos (5 anos – diz o relato, a seguir), até que, outra vez, o anjo nos avisou que já havia passado o perigo. A morte de Herodes e as lutas que se desencadearam entre seus descendentes fizeram com que nosso caso fosse esquecido e podíamos regressar sem perigo. Em todo o caso, como Arquelau, filho de Herodes, reinava na Judeia, demos uma grande volta sem passar sequer por Jerusalém, e nos instalamos na Galileia, em nossa querida Nazaré".

9.5 A viagem de volta do Egito para Nazaré

Como foi a volta para Israel? Com a palavra Maria[33]: "Foi no caminho de volta, porém, viajando em uma caravana de Gaza até Jerusalém, que nos inteiramos de tudo o que havia ocorrido após nossa saída de Belém. José algumas vezes participava das tertúlias que se organizavam à noite em torno da fogueira do acampamento. A história que contavam naquele dia chamou-lhe a atenção e logo veio contá-la para mim. Comentavam-se os últimos acontecimentos políticos, a difícil herança de Herodes e os últimos anos desse sanguinário rei... Ninguém sabe, diziam os narradores, se Herodes teve êxito em sua intenção de acabar com o

33. Cf. *Evangelho secreto da Virgem Maria*, p. 98-100.

Messias. Provavelmente sim, concluíam, porque não se ouvira falar mais nada dele.

José não disse nada e se limitou a escutar. Ao cabo de um tempo se levantou e regressou à tenda onde esperava com o menino, que já tinha cinco anos. Ninguém suspeitava que éramos nós os protagonistas da história. Todos nos viam como uma família que regressava a Israel após ter estado no Egito para fazer fortuna, fortuna que, por certo, não era outra senão os esplêndidos presentes que nos haviam deixado quando fomos embora e que, sabiamente administrados por meu marido, permitiram-nos não somente sobreviver no Egito como também nos instalarmos em Nazaré com certa comodidade.

Nem José nem eu pudemos evitar as lágrimas quando ele me relatou a história que acabara de escutar junto à fogueira. Pensamos nos meninos da aldeia que pereceram nas mãos do tirano e também no possível destino de alguns de nossos amigos, quando interrogados brutalmente pelos asseclas de Herodes em busca de pistas sobre nosso paradeiro. "E tudo por quê?", nos perguntávamos. Nesse momento, nosso filho despertou. Ergueu a cabeça e perguntou o motivo de nossas lágrimas. Logo se levantou, acercou-se de nós e começou a cobrir-nos de beijos. Eu o abracei, num misto de medo e de ternura. Secamos nossas lágrimas e nos dispusemos a seguir em frente. O porquê do ocorrido lá estava, naquele menino de cinco anos, que fazia todos felizes sem saber do dom que possuía e pelo qual todos se sentiam estranhamente atraídos. O porquê estava, principalmente, na maldade dos homens em não aceitar os planos de Deus. Era o pecado que meu filho viera derrotar e que nos últimos estertores dava terríveis golpes, fazendo dano a justos e injustos, assim como o sol que brilha para os maus e os bons. Era de Deus a culpa? Era Deus o responsável pelo mal do mundo e pelo pecado dos homens por tê-los tornado livres? Era Deus em última instância o culpado pela matança dos inocentes ao colocar em andamento o processo da redenção com o nascimento de meu filho? Não. Deus havia feito tudo bem, desde a criação do mundo até a concepção de meu filho, inclusive ao nos criar à sua imagem e semelhança. Éramos nós que utilizávamos aquela liberdade para nos voltarmos contra Ele e contra nós mesmos. E agora era novamente Deus que queria intervir na história para nos dar uma nova oportunidade. Por desgraça, não seria fácil consegui-la, porque o maligno não abandonaria o terreno conquistado sem uma luta ferrenha.

9.6 O significado da ida ao Egito

A ida de Maria para o Egito, levando consigo Jesus, tanto no Evangelho canônico de Mateus quanto nos Evangelhos Apócrifos, tem como objetivo mostrar que Jesus era o novo Moisés. Sendo assim, ele também precisaria ir ao Egito, para de lá voltar, mas sem, provavelmente, nunca ter ido. A questão me parece mais teológica que real.

10

Maria educa seu filho Jesus

As histórias da infância de Jesus, suas travessuras e milagres, são inúmeras nos Evangelhos Apócrifos. Escolhemos algumas relacionadas diretamente com Maria, que mostram o papel dela como educadora de Jesus.

Maria, falando de Jesus menino para João, diz: "À primeira vista, Jesus era um menino como os outros. Bem, não exatamente como os outros, porque era lindíssimo. Alguns dirão, João, que eu exagero e que é paixão de mãe. Porém, tu, que o amavas quase tanto quanto eu, sabes que meu filho era de verdade muito formoso, embora o tivesses conhecido já como homem, enquanto eu tive a imensa felicidade de vê-lo crescer dia a dia ao meu lado. Jesus era um menino como os outros, ao mesmo tempo bem diferente"[34].

34. Cf. ibid., p. 103.

10.1 Maria chama a atenção de Jesus por ter matado um menino

O *Pseudoevangelho de Mateus* 26,1-3 conta que, quando Jesus tinha quatro anos de idade, Ele estava brincando com outras crianças, em um dia de sábado. "Jesus foi sentar-se e fez sete lagoinhas de barro interligadas por pequenos canais, por meio dos quais, à sua ordem, a água corria da torrente para as lagoinhas e voltava novamente. Outro menino, filho do diabo, repleto de inveja, fechou a comporta que controlava a entrada da água e acabou com aquilo que Jesus fizera. Jesus lhe disse: 'Ai de ti, filho da morte, filho de satanás! Tu destruíste a obra que fiz?' E imediatamente o (menino) que havia feito aquilo caiu morto.

Os pais dele se revoltaram contra Maria e José, dizendo: 'Vosso filho amaldiçoou o nosso filho e ele morreu'. Quando José e Maria ouviram aquilo, foram logo ter com Jesus, por causa da revolta dos pais do menino e do ajuntamento de judeus.

José disse baixinho a Maria: 'Eu não tenho coragem de falar com ele. Tu repreende-o e dize-lhe: Por que suscitaste contra nós o ódio do povo? E agora devemos suportar a exasperação do povo? E aproximando-se dele, sua mãe, Maria, rogava-lhe dizendo: Qual foi o crime dele para que morresse? E Jesus respondeu: 'Merecia a morte, já que destruiu aquilo que eu tinha feito'.

Sua mãe, então, lhe pediu: 'Não faças isso, meu Senhor, pois todos se revoltam contra nós'. Não querendo contristar a sua mãe, com o pé direito Jesus tocou as nádegas do morto e lhe disse: 'Levanta-te, filho iníquo. Não és digno de entrar na paz de meu pai, porque destruíste a obra que eu tinha feito'". Então o que tinha sido morto se levantou e foi-se embora. Jesus, entretanto, voltou ao seu jogo, levando água pelo canalzinho até as lagoinhas.

10.2 Maria se maravilha com o poder de Jesus menino

"Quando Jesus tinha seis anos, a sua mãe o mandou, com um cântaro, buscar água na fonte, junto com outros meninos. Aconteceu que, depois de ter enchido o cântaro, um dos meninos lhe deu um empurrão. Com isso, o cântaro caiu e se quebrou. Jesus estendeu o manto que usava, recolheu nele a quantidade de água que o cântaro continha e a levou para sua mãe. Vendo isso, ela se maravilhou, meditava consigo mesma e guardava tudo em seu coração"[35].

Em outra ocasião, depois de outros feitos assustadores de Jesus, "Ele voltou para a casa de sua mãe. José ficou com medo. Chamou Maria perto de si e disse: 'Em verdade, sabe que a minha alma está triste até à morte por causa deste menino. Pois pode acontecer que qualquer pessoa bata nesse menino e morra'. Maria respondeu: 'Homem de Deus, não penses que isso possa acontecer. Crê que aquele que o enviou no meio dos homens o guardará de qualquer malignidade e, em seu nome, o preservará do mal?" (38,2).

35. Cf. *Pseudoevangelho de Mateus* 33,1.

10.3 Maria ensina a Jesus sobre a relação homem e mulher

Maria também conta a João que, quando Jesus tinha sete anos, estando[36] José fora da aldeia e eu em casa, ouviu-se uma grande gritaria. O menino estava preparando umas madeiras na oficina, cumprindo a incumbência dada por José. Começara havia pouco tempo a ajudá-lo e a aprender o ofício de artesão, como faziam todos os meninos de sua idade, no campo, com o gado ou, como era o nosso caso, na própria casa. A gritaria era muito grande e não pudemos evitar ir à rua ver o que acontecia. Ele estava junto a mim. Quase no mesmo instante, passou uma comitiva diante de nossa porta. Um grupo de homens levava aos empurrões uma mulher rua abaixo, até os limites do povoado. A mulher, Séfora, era conhecida nossa. Era uma vizinha que vivia na parte alta do povoado e com a qual não tínhamos muito trato, porém a conhecíamos. Seus filhos não brincavam muito com Jesus e seus amigos e, em algumas ocasiões, chegaram a brigar com ele, como acontece entre as crianças. Atrás do primeiro grupo, a alguns passos de distância, ia outro, mais numeroso, cheio de mulheres.

Não houve necessidade de perguntar nada, pois uma vizinha já interrogava um dos componentes do grupo: "Que aconteceu? Para onde a estão levando?" Na verdade a resposta era óbvia: "Pegaram-na em adultério", respondeu um homem, "e vai receber o castigo que a lei estabelece para aquelas que enganam seus maridos". O rabino – já não era o bom ancião que tive-

36. Cf. *Evangelho secreto da Virgem Maria*, p. 106-109.

mos no povoado durante anos – ditou a sentença e vamos apedrejá-la. Assim servirá de lição a outras, que se aproveitam do fato de seus maridos estarem fora, trabalhando ou padecendo sob o jugo romano, para se portarem como rameiras. De fato Séfora enganava o marido com um vizinho e aproveitava quando ele ia ao campo para receber o outro em casa. Finalmente, chegaram rumores ao enganado, que, preparando uma armadilha, pegou os dois no pior momento.

Eu estremeci. Não havia passado tanto tempo desde que estive a ponto de me encontrar numa situação semelhante, ainda que por motivos absolutamente diferentes. O menino está junto a mim, agarrado às minhas saias, e olhava curioso o desfilar da comitiva. Deve ter percebido alguma coisa porque disse, olhando-me muito sério como um homenzinho que saísse em minha defesa: "Mãe, não te preocupes, contigo nada acontecerá". Logo em seguida, sem dar-me tempo de responder nem recompor da surpresa ante o que acabara de ouvir, disse: "Vão matá-la? E o que farão com o homem que estava com ela? Que acontecerá com seus filhos?"

Peguei-o e nos metemos dentro de casa. Fechei a porta e, enquanto o tumulto se afastava rua abaixo, sentei-o a meu lado: "Que sabes tu sobre o teu nascimento?" Vi, de novo, a surpresa estampada em seu rosto, e um certo incômodo, como se eu estivesse perguntando algo óbvio, algo evidente que o fazia se sentir pequeno ao ter que falar sobre isso. "Mãe", perguntou, tentando fugir da resposta, "por que as mulheres que fazem algo mau são castigadas e os homens não? Será que só o que a mulher faz é errado e o homem pode fazer o que quiser?" Eu insisti: "Filho, logo falaremos disso, mas antes me diz: O que sabes do teu nascimento? Algum rapaz da aldeia te contou algo? Os outros meninos te provocam?"

Quando viu que não conseguiria me distrair falando de outra coisa, aceitou responder minhas perguntas. Disse-me que sabia que Deus era seu Pai e sobre sua concepção não saberia responder. Inclusive perguntou-me se havia acontecido algo extraordinário. Apenas insistiu em dizer que Deus era seu Pai e que José também o era, mas de outra maneira. Logo, um pouco constrangido, voltou a perguntar o porquê do castigo que se dava à mulher surpreendida em adultério.

Compreendi que o mistério ainda não lhe fora revelado em sua plenitude, porém pouco a pouco a borboleta estava saindo da crisálida e não demoraria muito para compreender quem era e para que tinha vindo. Compreendi e me assustei. Era um menino, um menino de sete anos. Era frágil demais para meter-se na luta no mundo dos homens. Assim, pedi a Deus que lhe desse mais tempo antes que iniciasse a missão que o anjo anunciara e o velho Simeão profetizara no Templo. Mas não tive tempo de refletir. Jesus me sacudia, inquieto, repetindo a pergunta cuja resposta era urgente para Ele. Assim, tive que lhe dizer alguma coisa.

Primeiro, tentei dar-lhe uma resposta que nem a mim satisfazia: "Fazem isso para que sirva de exemplo a outras mulheres, evitando que enganem seus maridos". "Por que, então, aos maridos não fazem o mesmo para que sirva de exemplo e ninguém engane sua mulher? Os homens podem pecar e as mulheres não?", replicou. Já sabes, João, que em nosso povo se diz que o importante é encontrar a pergunta adequada e não a resposta. Meu filho era um autêntico israelita que sabia levar com garra o fio da questão até encontrar o que estava procurando. Assim, não tive outro remédio senão continuar respondendo suas perguntas. Tentei o sentido tradicional, que todos empregam para justificar a diferença do trato entre o homem e a mulher, quando compreendi que aquilo não provinha de Deus e que, portanto, eu não devia dizer nem escutar. Então afirmei: "São costumes antigos que algum dia Deus fará com que mudem. Na verdade, filho, o pecado é o mesmo no homem e na mulher, pois se ela faz mal enganando seu marido com outros homens, ele faz o mesmo com respeito à sua esposa. Todos deveriam sofrer o mesmo castigo e este não deveria ser, em nenhum caso, tão terrível, embora não se possa ignorar o delito como se nada tivesse ocorrido".

Aquela resposta pareceu deixá-lo satisfeito. Com um gesto rápido, como se, de repente, seu interesse mudasse de objetivo, me abraçou, me beijou e disse: "Seja como for, menos mal que a ti não aconteceu nada". E foi à rua procurar seus primos.

O beijo ainda me acariciava o rosto e Ele já não estava comigo. Mas estavam suas últimas palavras, semelhantes às que me havia dirigido no princípio de nossa conversa. Evidentemente, Deus lhe havia contado algo e Ele queria falar ou quem sabe não conseguira entender, limitando-se a intuições que mais tarde se tornariam conscientes. Talvez eu devesse tentar ajudá-lo a compreender, falando com clareza de sua origem. Às vezes dava-me medo e vergonha. E José, naquela ocasião, não me serviu muito, porque ele se atrevia menos do que eu a dizer algo, e muito menos opinar sobre o que devia ser dito. Decidimos esperar um pouco mais e continuar atentos ao que se passava na alma de nosso filho.

O que se passava, no entanto, para nós era um mistério. O menino era tão normal que aparentemente nada acontecia. Nada, até que de repente ocorria alguma coisa. Poucos meses após o caso de Séfora, estava eu recolhendo água na fonte que existe na parte baixa do povoado, junto ao caminho, e ele estava comigo. Tinha completado oito anos e era muito forte, ajudando-me nesta e em outras tarefas da casa, embora já começasse a ir à sinagoga com o pai e a ouvir os outros meninos dizer-lhe que não deveria fazer trabalho de mulheres.

10.4 Maria é louvada pelos Doutores do Templo por causa de Jesus

A presença de Jesus entre os doutores da lei, em Jerusalém, é narrada também nos evangelhos apócrifos. Assim relata o *Evangelho do Pseudo-Tomé* 19.

Quando Jesus estava com doze anos, seus pais foram, como de costume, a Jerusalém para assistir às festividades da Páscoa. Eles viajaram em uma caravana.

Terminadas as festas, puseram-se de volta para a casa. Na hora de partir, o menino Jesus retornou a Jerusalém. Seus pais pensavam que estivesse na comitiva.

Depois do primeiro dia de caminhada, começaram a procurá-lo. Como não o encontrassem, sentiam-se muito aflitos e voltaram a Jerusalém à sua procura.

Finalmente, no terceiro dia, o encontraram no Templo, sentado no meio dos doutores, escutando-os e fazendo-lhes perguntas. Todos estavam presos a suas palavras e se admiravam de que, sendo menino, deixara mudos os anciãos e mestres do povo. Explanava os pontos principais da lei e dos ensinamentos dos profetas.

Maria, sua mãe, aproximou-se dele e disse-lhe: "Meu filho, por que procedeste assim conosco? Vê com que preocupação estamos à tua procura". Respondeu-lhe Jesus: "Por que me procuráveis? Não sabíeis, por acaso, que devo ocupar-me das coisas que se referem a meu Pai?"

Perguntaram os escribas e fariseus: "És, porventura, a mãe deste menino?" Ela respondeu: "Sim". Eles prosseguiram: "Feliz és tu entre as mulheres, já que o Senhor se dignou abençoar o fruto do teu ventre. Glória, virtude e sabedoria iguais às dele não vimos jamais e nem de coisa semelhante ouvimos falar".

Jesus levantou-se e acompanhou sua mãe. E era obediente a seus pais. Sua mãe, por sua vez, guardava todos estes fatos em seu coração.

Depois desses episódios, José, Maria e Jesus viveram também, por algum tempo, na cidade de Carfarnaum[37].

As narrativas da infância de Jesus descrevem Maria como mãe que educa, repreende as travessuras de sua criança. Maria acompanha o crescimento de Jesus. Ela percebe que seu filho é diferente, que Ele tem poder divino. Não compreendendo tudo isso, ela os guarda no coração, isto é, reflete sobre eles.

Ela sabe que tudo que ocorre com o menino Jesus é mistério de Deus, assim como fora a sua concepção.

37. Cf. *Evangelho do Pseudo-Mateus* 40,1.

10.5 Maria se preocupa também com a chegada da fase adulta de Jesus

O *Evangelho armênio da Infância*[38] conta que, quando Jesus já estava tornando-se adulto, Maria lhe diz: "Não se preocupe com o que eu vou lhe dizer, mas estou rodeada de fantasmas e não sei o que fazer". Jesus lhe perguntou: "O que pensas em fazer comigo?" E Maria lhe diz: "O que me tem causado preocupação é que temos nos esforçado para que você aprendesse durante tua infância todos os ofícios, e até agora você não tem feito nada neste sentido e não prestado para nada. Agora, que você está ficando adulto, o que pensas em fazer ou como queres viver a vida?"

Jesus ficou irritado com Maria e lhe disse: "Você falou de modo equivocado. Não entende os sinais e prodígios que faço diante de você e que pode vê-los com os seus próprios olhos? Depois de tanto tempo que estou vivendo com você, não acredita em mim. Observa meus milagres, considera tudo que eu fiz e tem paciência por um tempo, até que veja realizada todas as minhas obras, pois a minha hora ainda não chegou. Enquanto isso, mantenha-se fiel a mim". E, dizendo isso, Jesus saiu correndo de casa.

Este episódio mostra como Maria, a mãe, preocupa-se com o filho, e o filho, Jesus, convoca a mãe a manter-se no seu apostolado até compreender tudo que aconteceria com ele.

38. Cf. Evangelho armênio da Infância 25,7-8. In: OTERO, Aurélio de Santos. *Los Evangelios apócrifos*. Madri: BAC, p. 364-365.

11

Maria presencia a morte de José

Quando José, já idoso com 111 anos, está para morrer, Jesus, talvez com 20 anos, anuncia para Maria que a vida de José estava chegando ao fim. Maria, aflita, disse então a Jesus: "Ai de mim, filho querido. Está morrendo o bondoso e bendito ancião José, teu amado e bendito pai de criação!"[39]

E Jesus ainda lhe diz: "Minha amada mãe, todas as criaturas nascidas neste mundo devem morrer, porque assim é para toda a humanidade. Também tu, ó minha virgem mãe, deves morrer como todo homem. Só que a tua morte, como a morte deste velho, não é morte, mas vida eterna para sempre. Também eu deverei morrer no corpo que recebi de ti. Agora, porém, levanta-te, ó minha mãe, e entra no quarto do velho bendito, José, para veres que coisa sucederá à sua ascensão"[40].

39. Cf. *História de José, o carpinteiro* 28,3.

40. Id., códice H, 18,1.

E Maria entrou no quarto onde estava José. Ali, pôde observar os sinais evidentes da morte que nele se refletia. Ela sentou-se aos pés de José. Tocando-lhe os pés, Maria notou que o alento tinha fugido juntamente com o calor e disse a Jesus: "Obrigado, querido filho. Desde o momento que puseste tua mão sobre seu corpo, a febre o abandonou. Vê, seus pés e suas pernas estão frios como o gelo". E eles dois, juntamente com os filhos de José, começaram a chorar. Jesus fechou os olhos e a boca de José.

A cena da morte de José deixou registrado na memória popular o fato de Maria estar aos pés de José. Daí a devoção que afirma que, quem rezar todos os dias uma Ave-Maria a Nossa Senhora, ela estará aos seus pés para lhe avisar, quando chegar o dia da sua morte. Esta história ouvi de minha mãe, que disse ter ouvido de seu pai. E ela se alegrou, quando eu disse que esta fé estava presente na história apócrifa de Maria.

11.1 Maria declara amor a José e lamenta a sua morte

No *Evangelho secreto da Virgem*[41], Maria lamenta a morte de José para João e declara seu amor ao esposo, com belíssimas palavras.

"Amei muito a José, João, muito mesmo! Não sei se te surpreenderá o que eu digo, não sei se compreenderás que este carinho meu era compatível com minha total consagração a Deus. Não sei se entenderás, mas te

41. Cf. p. 127-128.

asseguro que sempre foi assim. Eu o amei assim como amava o Pai, tanto quanto meu Filho. Quem sabe tudo dependa do tamanho de teu coração. Quem sabe tudo dependa das prioridades que se estabeleçam nesse coração. Minha consagração a Deus, que incluía meu corpo e minha alma, não me impedia de amar todos os outros. Nunca compares Deus a um "marido ciumento", que desejasse reinar com exclusividade em minha alma. Deus queria ser o primeiro, mas não o único. Pelo contrário, Ele me pedia que amasse a todos, começando pelos mais próximos, com a ressalva de que o primeiro deveria ser Ele.

Amei muito a José e por isso não foi fácil aceitar sua morte. Eu me perguntei por que Deus não escutara minhas preces. Perguntei-me também por que Jesus não fizera algum gesto extraordinário para evitar a morte de seu pai. Ao mesmo tempo que me perguntava, encontrava a resposta de que Deus tinha planos e que eu não deveria pretender entendê-los. Mas não me foi fácil aceitar esta vontade de Deus que tanto me doía, embora o tenha feito sem resquícios de rebeldia. É verdade que a certeza de que continuava vivo aliviava muito minha dor, que, sem isso, poderia ter se transformado em desespero. Durante vinte anos fomos três em casa, unidos como as grandes pedras que constituem os alicerces do Templo de Jerusalém, que nem um terremoto consegue separar. Durante vinte anos nosso lar foi a antessala do paraíso. O amor era o pão que comíamos a cada dia, a ternura era a água que saciava nossa sede, a alegria era a roupa que nos protegia do frio e tapava os furos de nossa pobreza. Éramos a família mais feliz não só de Nazaré, não só de Israel, como do mundo. Para com Jesus, José foi sempre e somente um pai. Bem, nem sempre, pois desde os seus doze anos, depois daquela escapada no Templo, tanto ele quanto eu nos havíamos convertido também em discípulos, sem deixar de fazer o papel de pais e de mostrar a nosso filho o que significa viver sujeito à autoridade.

Desde então não deixei de falar com ele um dia sequer. Nos momentos mais difíceis, inclusive na morte de Jesus, sempre notei sua presença a meu lado. Suas últimas palavras, muito parecidas com as do Anjo Gabriel, soam ainda nos meus ouvidos: "Não temas, Maria". Assim, vivi sempre com ele, estando segura de que vive, de que está junto com Deus, a quem Jesus havia me ensinado a chamar de "Pai", e que, desde então, vela e intercede permanentemente por nós, em especial por aqueles que, como Jesus e como eu, foram chamados a uma consagração plena ao Senhor.

Felizmente suas últimas palavras, pronunciadas quase num suspiro, não foram ouvidas por nenhum dos que enchiam a casa. José era muito querido em Nazaré e o povoado todo se aglomerava à porta de nossa casa para acompanhá-lo. Alguns disseram terem visto uns anjos levar o espírito de José para o céu, porém outros afirmaram que era o pai Abraão que viera buscá-lo. O caso é que se espalhou o rumor de que sua morte fora extraordinária, como na realidade aconteceu e, até hoje, vês que são muitos os que se recomendam a ele neste momento final, para que o caminho lhes seja leve e possam gozar eternamente da presença de Deus.

Depois disso, João, tudo voltou à normalidade. Usando como desculpa minha viuvez, pudemos, como te falei, postergar o casamento de Jesus sem chamar demais a atenção. Ele tinha decidido ser de Deus, de corpo e alma, como eu o fora, como o fora José, e fazíamos todo o possível para passar despercebidos, mantendo firmemente nossos propósitos.

A partir desse momento Jesus foi para mim não só o principal motivo de preocupação, como também o único. Meus pais e meu marido já estavam mortos e eu não tinha outros filhos, assim pude consagrar-me inteiramente a ele, com a certeza que tinha desde o princípio de que assim o fazendo amava o Senhor não através de um mediador, mas sim o próprio Senhor.

O que significa as palavras acima transcritas? Criação literária? Poesia de amor? Não importa a autenticidade das palavras. Importa o amor de Maria para com José.

12

Maria acompanha o ministério de Jesus

A presença de Maria no apostolado de Jesus é marcante. Também nos apócrifos encontramos a cena das Bodas de Caná, mas também a novidade do envio de Jesus em missão por Maria.

12.1 Maria, a mãe, adianta a hora do Filho, nas Bodas de Caná

Era o final das festas de bodas do filho de Manassés e Lia. Maria estava ali com Jesus. O vinho acabou. Maria, como mãe, quer salvar a família da vergonha diante dos convidados. Ela, então, recorre ao filho, Jesus. E o filho que se preze não pode negar o desejo da mãe.

O fato é narrado por Maria, do seguinte modo[42]: Para aquela família, com tanto prestígio e tantas relações,

42. Cf. *Evangelho secreto da Virgem Maria*, p. 135-138.

era muito importante que não faltasse nada, que não acontecesse nenhum imprevisto que desse aos invejosos o que falar. E esse detalhe ocorreu. Eliú, um dos criados principais e o qual eu conhecia fazia muito tempo, pois estava na casa desde que eu estive lá pela primeira vez, contou-me, com certa preocupação, que havia acabado o vinho. Em parte devia-se à grande afluência de convidados, entre eles o grupo numeroso vindo com Jesus, e em parte porque haviam errado nas previsões. Se o caso não fosse resolvido, a festa viria abaixo e seria um grande desgosto para meus amigos. Eu lhes devia muito, e principalmente os amava muito. Eles estiveram sempre ao meu lado, desde aquela primeira vez em que me alojei em sua casa. Quando José morreu, o apoio deles me serviu de grande consolo, o mesmo ocorrendo com sua generosidade. Eu os amava como irmãos e seus problemas eram meus problemas. Assim, dirigi-me a meu filho. Eu não sabia o que ele iria fazer, mas sabia que era capaz de resolver qualquer problema. Percebe, João, que não lhe pedi que curasse seu pai quando estava moribundo. Aquilo, por mais doloroso que fosse, estava nos planos naturais de Deus, pois a morte não é o final do caminho, mas uma travessia forçada para todos, uma travessia para uma vida melhor. Essa situação era diferente. Poderás pensar que fui egoísta ao reclamar sua atenção para algo aparentemente tão pequeno. Jesus poderia estar fazendo milagres todos os dias em Nazaré, curando nossos vizinhos ou multiplicando alimentos para que ninguém passasse fome quando o inverno se prolongava. Não fez quase nenhum. Aquela era outra época, a época do silêncio. Agora, tanto ele como eu sabíamos que havia começado o tempo da vida pública, o tempo de falar e de contar o que antes guardávamos escondido.

Assim, expus-lhe a situação. Sua primeira reação foi de surpresa. Inclusive me respondeu com um certo aborrecimento: "Quem te envolveu neste problema, mulher?" E para encerrar: "Ainda não chegou a minha hora". Eu, que o conhecia bem, sabia que não faltava mais nada. Se João Batista lhe havia dado sinal de partida, agora, de outro modo, eu estava fazendo o mesmo. João lhe indicara que era a hora de pregar e eu lhe dizia que havia chegado a hora de amar, inclusive com gestos extraordinários. A mensagem era coisa de João, era coisa de homens. Os favores e inclusive os milagres eram coisas minhas, algo que nós mulheres podemos entender melhor do que vós, homens, sempre preocupados muito mais com as ideias do que com aquilo que se prepara nas cozinhas.

Meu Jesus entendeu perfeitamente. Eu sabia que Ele havia entendido. Assim, eu disse a Eliú que fizesse o que Ele pedisse. O chefe dos criados se apresentou a Jesus e somente teve que dizer: "Tua mãe me enviou, que queres que façamos?" Jesus balançou a cabeça, encolheu os ombros e disse rindo a seus amigos que o rodeavam: "Quem consegue resistir ao pedido de uma mãe? O melhor será atendê-la o quanto antes, porque senão irá insistir até conseguir o que quer". E disse aos criados: "Enchei as talhas de água". Eliú, que havia testemunhado anos atrás a cura do então pequeno Levi, não discutiu. Os outros criados sim, porque não entendiam o que se propunha a fazer aquele nazareno, como se enchendo de água as talhas de pedra fosse possível transformar o gosto da água em sabor de vinho. Rindo, brincando, obedeceram. "Pronto, podeis levá-las ao mestre-sala", pediu-lhes em seguida. Já sabes o resto, João, porque tu mesmo foste um dos que provaram daquele vinho diversas vezes até convencer-se de que era de fato verdade. Tu e todos vós.

Foi assim, querido amigo, que tudo começou. Passado o tempo, sobretudo depois de sua morte e ressurreição, agora que já não o tenho comigo como então, pergunto-me se fiz bem em incentivá-lo para que realizasse aquele primeiro milagre. Não me dei conta do que significavam aquelas palavras que me disse quando lhe comuniquei que havia terminado o vinho: "Mulher, ainda não chegou a minha hora". Eu não sabia a que hora se referia. Pensei que era a hora da manifestação pública, a hora em que todos soubessem quem era Ele. Mas, na realidade, ele já sabia então que essa hora não era a do aplauso e sim a da morte na cruz. Uma e outra eram a mesma hora. Eu não sabia e Ele, sim. Ele o sabia fazia muito tempo e esse era, quem sabe, o único segredo que não me quis contar nas longas conversas que mantivemos desde que José morrera e nas quais me revelou tantas coisas sobre a vida no céu. Jesus sabia que seu final começaria a aproximar-se desde que ele se desse a conhecer publicamente e hesitava, queria e não queria, não por dúvida e sim porque estávamos tão bem os dois ali, em nossa Galileia, que era duro deixar todo aquele paraíso para meter-se direto na lida.

Assim vês que fui eu, precisamente eu, sua mãe, que adiantou a sua hora. Arrependi-me disso? Houve um momento que sim, quando o vi pendurado na cruz. Porém, agora não. Agora sei que fiz o que deveria fazer sem saber que era instrumento de Deus para que tudo se iniciasse em seu devido tempo. Aquele milagre o tornou conhecido, fortaleceu vossos incipientes laços, serviu para confirmar-vos na fé nele que João Batista havia semeado em vós. E também serviu para tornar-me conhecida. Refiro-me ao fato de que, desde então, não deixaram de chover pedidos para eu conseguir dele esse ou aquele favor. A verdade é que paguei uma penitência com aquele meu gesto, pois não imaginas o peso que é discernir a verdadeira necessidade do capricho. Além do mais, tampouco podia estar continuamente importunando meu filho, entre outras razões porque Ele não permaneceu muito tempo comigo desde então. Agora o tenho comigo mais facilmente. Agora sim é que sou um peso para Ele e, na verdade, são poucas as coisas que não me concede quando eu peço, embora eu sempre note que Ele sorri, balança a cabeça e me diz antes: "Essa mãe, sempre igual, mas quero ver quem consegue lhe negar alguma coisa".

12.2 Maria conta como foi o início da missão de Jesus

Maria e Jesus estavam junto ao fogo. Com as mãos de Jesus nas suas, eles abrem mutuamente os corações. "Contei-lhe meus temores[43], falei do egoísmo das pessoas, das expectativas que se haviam levantado após o milagre de Caná e o relato da manifestação de seus objetivos no Jordão. Inclusive pedi-lhe perdão por haver sido a responsável por aquele seu primeiro milagre, no

43. Cf. ibid., p. 141-142.

fundo, supérfluo. Ele me tranquilizou. Assegurou-me que os dias passados no deserto serviram para conhecer bem qual era sua tarefa e os passos que deveria dar até que chegasse a "sua hora". "Mãe", disse, olhando-me fixamente nos olhos, "a ti não posso e nem quero ocultar nada. Vou começar a última etapa de minha vida. Acabará mal e, por isso, acabará bem. Aconteça o que acontecer, nunca duvides de mim nem do amor de Deus. Mais adiante eu te irei contando os detalhes, mas desde agora quero que saibas que tudo está previsto por meu Pai e que tem que se cumprir exatamente como está previsto, a fim de que todos possam crer. Não deixes de rezar por mim e, repito, digam o que disserem, nunca duvides que estou fazendo o correto, por mais surpreendente que possa te parecer. Amanhã, como em todos os sábados, irei à sinagoga e ali iniciarei meu caminho. Depois irei embora e demorará muito para nos vermos de novo. Se tens problemas no povoado, conte-me logo, que arrumarei para ti um lugar em Cafarnaum".

Eu não chorei, e não foi por falta de vontade. Tampouco me mostrei amedrontada e muito menos tentei dissuadi-lo. Sabia que para isso tinha vindo e com a intuição especial que têm todas as mães, nos dias anteriores fui compreendendo que, efetivamente, tudo acabaria mal. Mas sabia também que no fim tudo aconteceria como Deus havia previsto. Por isso, fazendo-me forte, disse-lhe: "Filho meu, agora sou eu que te peço que nunca duvides de mim. Bastou-me ver o que vi estes dias em Nazaré para compreender o sofrimento que te espera. Sei que vencerás, mas também sei que vais passar mal. Por isso quero que estejas sempre seguro de mim. Aconteça o que acontecer e digam o que disserem, não tenhas a menor suspeita. Eu estarei sempre ao teu lado, acreditando em ti e convencida de que o que fazes é o que está certo. Gostaria de acompanhar-te, mas sei que apenas servirei de estorvo. Ficarei aqui ou irei viver com minha prima Maria, a de Alfeu, ou então irei a Caná para a casa de nossos amigos. Não foste Tu quem me disse uma vez, olhando uns pássaros, que Deus nos ama mais do que aos pardais e que não devíamos nos preocupar com nada porque até os cabelos de nossa cabeça estão contados? Baseada nesta fé vivi desde minha infância e graças a esta fé Tu nasceste. Por isso, fique tranquilo que teu Pai, meu Deus, velará tanto por mim quanto por ti".

"Espero que por ti um pouco melhor do que por mim, porque, do contrário, terei que ajustar contas com Ele", disse-me brincando enquanto se levantava. Abraçamo-nos e depois beijei sua fronte. Em seguida tentei beijar-lhe as mãos, aquelas mãos que haviam feito o milagre do vinho em Caná com a mesma naturalidade e amor que haviam feito móveis em nossa oficina. Ele me impediu. Ao contrário, pegou as minhas mãos e me disse, solene e emocionado: "Estas mãos benditas, mãe, deverás mantê-las sempre abertas para que quem as veja compreenda que estão esperando as cargas para poder apresentá-las no céu. Eu te prometo que tudo que nelas for colocado nunca será esquecido nem por mim, nem pelo Espírito, nem por meu Pai".

Assim nos despedimos. Quando fiquei só, naturalmente, chorei bastante. Sabia que ficaria muito tempo sem vê-lo e isso me angustiava. Sabia que iria sofrer e temia, inclusive, que sua incapacidade de dissimular colocaria sua vida em perigo. Porém minhas lágrimas não eram de desespero. Eram de dor e desafogo, só isso, porque estava segura de que, acontecesse o que acontecesse, Deus estaria com Ele.

12.3 Jesus diz a Maria: "Sou o teu filho, mãe"

Quando Jesus fez a multiplicação dos pães, Maria estava com Ele. Jesus, desanimado, é consolado por Maria, que lhe diz[44]: "Que esperavas? Acreditavas que tudo ia ser fácil? Acreditavas que com os milagres e teus discursos as pessoas iriam entender e se converter e seus corações se transformariam? Querido filho meu, tens que aceitar as coisas como são e da mesma forma tens que aceitar os homens. De barro fomos feitos por teu Pai. De barro e pecadores, embora esta última seja coisa nossa e não dele. E, no fundo, isto é o que te atraiu: nossa debilidade. Não vieste salvar aqueles que não precisavam de salvação, mas sim os pecadores. Como tu mesmo dizes, vieste buscar a ovelha perdida. O que ocorre é que esta ovelha está mais perdida e mais rebelde do que pensavas. Portanto, tens que te animar e seguir em frente. Deus está contigo e tudo irá bem, como logo o verás".

Na ocasião, eu não sabia o que ia acontecer, embora previsse, porque as mães sempre imaginam o pior. Mas não ia lhe dizer nada, pois se tratava de dar-lhe ânimo. Ele sabia que o final seria a cruz, olhou-me do-

44. Cf. ibid., p. 164-165.

cemente e me estreitou em seus braços. Beijou a minha mão com ternura e depois a fronte. Meu Deus, seus beijos, quanto desejo seus beijos e seus abraços! Se desejo deixar este mundo é para recuperá-los. Só podem ser comparados à Eucaristia [sic], embora sejam coisas muito distintas.

Então quis aproveitar a ocasião para dizer algo que carregava no íntimo e que estava me pesando cada vez mais. Assim, perguntei-lhe: "Filho, dize-me com clareza, quem és tu?" "Sou teu filho, mãe", respondeu rindo e acrescentou: "Que tens?" Eu insisti: "Sei muito bem que és meu filho, mas o que és de Deus? Que significa na realidade aquilo que me anunciou o Anjo Gabriel quando disse que aquele que ia ser gerado em mim seria chamado 'Filho do Altíssimo'"?

Jesus separou de mim. Levantou-se e se dirigiu ao outro extremo da habitação. De costas para mim, que permanecia sentada e na expectativa, falou-me: "Mãe, não quero perturbar-te nem revelar-te agora coisas que ainda não podes entender. Em seu devido momento o Espírito Santo, que um dia te cobriu com sua sombra, te cobrirá com sua sabedoria, te contará tudo. Eu lhe pedirei que o faça. Por enquanto, só deves saber que o Pai e eu somos um e que tem sido assim desde a eternidade. Por ora, basta isto", e, ao dizê-lo, voltou-se e me olhou. "Por ora, basta isto e agora deixa-me, devo rezar. Tu já me consolaste e agora Ele tem que fazer o mesmo. Preciso dos dois consolos, porque sou filho dos dois e cada um tem que fazer sua parte." Beijou-me de novo e saí. Sentia uma espécie de tontura, como se a cabeça desse voltas, como se meus sentimentos lutassem para abrir espaço em minha pequena mente de mulher galileia. "Desde a eternidade", estas palavras ressoavam de vez em quando em meus ouvidos. "Desde a eternidade." Logo, Ele não era só o Messias, um enviado, um profeta. Era muito mais que o maior dos profetas, mais do que o grande Isaías, mais do que o próprio Rei Davi, ou que Moisés, ou que nosso pai Abraão. Então, quem era Ele? Seria possível que, de verdade, Ele fosse Deus? E de novo as perguntas sobre mim: se Ele é Deus, quem sou eu? Como devo tratá-lo? Com que direito eu o eduquei, o corrigi e inclusive o repreendi quando criança? Quem tive em meu seio e em meu peito? Era demais, como já disse, para uma simples mulher de uma aldeia da montanha. Tanto que me dei conta de que meu filho tinha razão ao dizer que ainda não havia chegado minha hora de entender tudo, e decidi colocar um freio nos meus pensamentos e guardar o mistério no meu coração.

13

Maria participa da paixão, morte e ressurreição de seu filho Jesus

Entramos, agora, em uma outra fase da vida de Maria. Seu filho irá morrer. A mãe Maria acompanhará o calvário de seu filho, que o levaria à morte inevitável. Como toda mãe, ela se sentirá profundamente triste. Mas ela também agirá em favor de Jesus e contra quem o maltratará. Nem Pedro será poupado. Vejamos.

13.1 Mãe e Filho se despedem

É também no *Evangelho secreto da Virgem Maria* (p. 176-179) que encontramos a narrativa da despedida de Jesus e Maria.

Era um dia belíssimo de primavera. O mês de Nisan resplandecia. Ainda era cedo, o sol não estava muito quente e a temperatura era doce como um beijo de mãe. A natureza colocara seu melhor vestido para envolver a nós dois. Os pássaros cantavam e as mariposas e as abelhas se ocupavam em recolher seu alimento das flores.

Caminhávamos tranquilamente e em silêncio. Mãe e filho. Mestre e discípula. Assim estivemos um bom tempo. Em silêncio. Sem dizer nada e sabendo tudo. Ele não se atrevia a começar e eu temia complicar tudo abrindo a boca. Até que Ele me convidou a sentar. Estávamos em um caminho rodeado de hortos, com suas divisas baixas de pedra seca, como costumam fazer em nossa terra. Ali nos sentamos e ali Ele começou a falar. "Que dia magnífico, não é, mãe? É uma gentileza de meu Pai, que não quer que eu me despeça da vida com recordação de uma tormenta ou de um furacão".

Dito isto, esperou minha reação. Eu continuei calada. Sabia muito bem que eram inúteis meus protestos e mais ainda meu fingimento como se nada soubesse, ou que pudesse lhe servir para alguma coisa dizer-lhe que esquecesse daqueles maus presságios de morte. Assim o olhei e fiquei calada. Esperava que prosseguisse. Ele entendeu. Então segurou minha mão e acrescentou: "Tu sabes tudo. É natural que não te escapasse nada. Alegro-me que assim seja, embora suponho que estejas passando mal. É inútil tentar te enganar e por isso quero que encares seriamente o que vou dizer. Não te digo como um falso consolo, como se pretendesse te tranquilizar com palavras amáveis para que adquiras uma falsa esperança frente à prova que se avizinha. Quero que saibas que vou morrer. Melhor, que vão me matar".

Então, João, apesar de meus esforços para permanecer serena, não pude evitar um tremor que ele notou. "Sim, mãe, quero que saibas tudo. Na próxima quinta-feira à noite me prenderão os asseclas dos sacerdotes e me entregarão aos romanos para que me matem. É terrível este final, porém assim está escrito e assim deve ser. Quero que saibas também que vou ressuscitar. Ouviste o que se passou com Lázaro e com outros que resgatei da morte. O Pai me deu este poder e agora Ele, eu mesmo e o Espírito o empregaremos sobre mim. Quer dizer, querida mãe, que ressuscitarei, embora esta ressurreição seja diferente da de Lázaro. Tens que estar, portanto, tranquila. Olha, é muito provável que todos me abandonem e me atraiçoem" – eu continuei calada, porém de novo um tremor em minhas mãos que Ele segurava com força o fez notar a dor que eu sentia. "Sim, todos me abandonarão. Bem, quase todos. Teu querido João", referia-se a ti, "terá somente um momento de vacilação. Vós, as mulheres, também não me abandonareis. Enfim, não quero contar-te mais detalhes. Quero somente que saibas que mesmo que todos me abandonem e ainda que pareça que o céu consinta que os homens decidam, tudo está previsto. Depois de três dias, quer dizer, no primeiro dia da semana, ressuscitarei e voltarei a te ver. Não corras de um lado para outro, como farão os demais. Eu virei a ti. Deves permanecer aqui, onde estás segura, e logo irei te mostrando o que fazer. Por enquanto, fica inteirada de tudo e não deixes de rezar para que as coisas se cumpram segundo a vontade do Pai. Nós estamos colocando em jogo, querida mãe, o êxito de minha missão. É a hora definitiva, o momento esperado, e não podemos deixar que passe a ocasião de salvar esta querida humanidade, estes homens que amo tanto. Assim, não sofras além da conta, embora imagino que te pedir isso seja pedir o impossível. Conformo-me com que não percas a fé e com que, aconteça o que acontecer, nunca duvides de que o Pai está comigo e que tudo está sendo feito segundo sua vontade. Preciso de tua fé. Preciso mais do que imaginas".

Não disse mais nada. Deixou de olhar-me e virou o rosto. O sol beijava-lhe a face filtrando-se por entre as folhas das oliveiras que nos protegiam. Meu filho estava lindo. Estava lindo, naquela hora de plenitude, naquela penúltima hora. Vi que uma lágrima aparecia em seus olhos e desviava o rosto para que eu não percebesse. Levantei-me e, com um lenço que sempre levo comigo, enxuguei-a. Depois, de pé ante Ele, que continuava sentado, tomei-lhe as mãos e lhe disse, olhando em seus olhos doces e tristes: "Filho, sou tua mãe. Se me tivessem dito, há trinta e três anos, que isto iria terminar assim, não sei o que teria feito. Quem sabe, apesar de tudo, teria dado meu sim a Deus. Efetivamente eu teria dito que sim, pois o preço daquela permissão foi o de ser tua mãe, de ter podido viver contigo tanto tempo, de ter te amado e ter-me sentido amada por ti. Tive a sorte de estar a teu lado e isso não tem preço. Agora me dizes que chegou o final. Quero que saibas que estarei sempre contigo e não te decepcionarei. Se me pedes que esteja inteira, assim estarei. Se me pedes que não chore, nem uma lágrima verás aparecer em meus olhos. Se pedes que creia no que me mostraste, que Deus é Pai e é amor, crerei, aconteça o que acontecer. Tu és meu filho, carne de minha carne, e tenho que estar a tua altura não só nos momentos normais, mas também em circunstâncias como esta. Podes contar comigo. Não entendo bem muitas coisas, porém nós, mulheres, estamos acostumadas, mais do que vós, homens, a crer sem entender. No fundo, quem pode querer entender a Deus, que é maior do que os céus. Sabemos muito bem, nós, as mulheres, que as coisas grandes não podem ser captadas pela razão, por mais sutil que essa razão seja, e que Deus, como Tu tantas vezes disseste, ocultou seus mistérios dos sábios e entendidos e os revelou às pessoas simples. Vem, deixa-me que te abrace e voltemos ao povoado. Não quero te ver triste. Aquilo que tem de ocorrer deve acontecer e tanto tu como eu temos que enfrentá-lo como convém. Se está na hora de morrer, morramos de pé, com a dignidade de saber que estamos fazendo o que Deus nos pede e com a paz na alma".

"Não sei, querido João, como pude dizer-lhe aquilo. Supunha um esforço do qual nunca acreditei ser capaz. Porque, logicamente, eu estava destroçada por dentro. Só tinha vontade de chorar, de gritar, de dizer-lhe para irmos embora dali rapidamente, enquanto ainda havia tempo. Eu era sua mãe e queria defendê-lo a todo o custo, queria defender meu filho como havia feito quando era pequeno e o ameaçava Herodes, ou como havia feito outras vezes contra a doença ou os mil perigos da vida. Ao contrário, Ele me pedia que resistisse em pé, inteira, forte, como um pilar no qual Ele pudesse se apoiar, Ele que era o apoio de todos nós. Ele me pedia um sacrifício enorme: o sacrifício de minhas lágrimas, o sacrifício de privar-me do único consolo que me restava, o de dar vazão à minha dor e deixar-me levar pela enorme angústia que estava destruindo minha alma.

Enfim, embora destroçada por dentro e tranquila por fora, fiz com que se levantasse, passei a mão por seu belo e encaracolado cabelo negro, deslizei meus dedos por suas pálpebras úmidas e o impeli para que regressássemos ao povoado. Aí me tens, João, empurrando meu filho, meu próprio filho para que se dirigisse à cruz, ao seu destino, à sua missão. Era eu quem conduzia o cordeiro de Deus ao matadouro. Porque Ele me pedia, é certo, e também porque compreendia que essa era a vontade de Deus, quer dizer, a vontade de meu filho. Terrível era a cena que eu representava, como se estivesse fora de mim, como se uma força maior que todas as minhas forças juntas me elevassem."

E depois deste ocorrido, enquanto Maria caminhava com Jesus para Betânia, Jesus dá um grande e terno abraço em Maria. E Ele, continua Maria contando a João, "colocou sua cabeça em meu peito e se pôs a chorar. 'Que está acontecendo comigo?', dizia com voz entrecortada. 'Por que sinto esta angústia terrível? Se eu já sabia que tudo isso tinha que acontecer, por que agora meu coração se rebela e todo o meu ser se põe em guerra contra minha vontade e contra a vontade de meu Pai? Por que meu corpo e até minha alma resistem à morte? Que lei é esta que exige continuar vivendo, embora a cabeça me diga que chegou a hora de cumprir a missão para a qual vim? Mãe, estou assustado e tenho medo. Sinto-me fraco, incapaz quase de seguir em frente, tentado pela covardia com mais força do que quando o demônio tentou seduzir-me no deserto. Mãe, reza por mim e pede a Deus para abreviar esta hora amarga'".

Assim esteve um longo tempo. Enquanto isso, eu rezava, suplicando ao Senhor que concedesse alívio e fortaleza. Minha oração teve efeitos imediatos. Jesus se acalmou. Levantou a cabeça e eu pude, com um pedaço de meu vestido, limpar-lhe os olhos. Então Ele sorriu, voltou a me beijar a fronte e, já refeito, me disse: "Te amo. Já te disse muitas vezes e ainda me parece insuficiente. Te amo muito, mãe. Te amo e te admiro. Estou orgulhoso de ti. O que vai ocorrer é obra de Deus, obra minha. Mas é obra tua também. Pede ao Pai, como te acabo de suplicar, que me dê sustentação nesta luta. Tua oração é poderosa, mais do que tu mesma podes entender agora. Pouco te pode negar aquele que tanto te ama. Pede a Deus, agora e sempre, que se faça a sua vontade e que eu e todos estejamos sempre dispostos a cumpri-la. E agora vamos, esperam-nos em Betânia, em Jerusalém e até nos confins do mundo. Vamos com passo ligeiro que existem muitos sofrendo e nós possuímos o remédio que os aliviará. E não te esqueças, no terceiro dia ressuscitarei"[45].

E Jesus foi para Jerusalém. Era a Festa da Páscoa.

13.2 E Maria disse: "Vamos para Jerusalém. Meu Filho me chama"

Pressentindo a morte de Jesus, Maria sai de Betânia e vai para Jerusalém[46].

Levantei-me. Todas me olhavam. Compreendiam que Deus havia me comunicado algo. Tinha o cabelo em desordem e os olhos vermelhos, porém não havia derramado nenhuma lágrima. Elas sim, e eu não as reprovo.

45. Cf. ibid., p. 186.

46. Ibid., p. 193-196.

Disse-lhes: "Vamos a Jerusalém. Meu filho me chama. O final está perto e Ele precisa de nós a seu lado".

Sem pensar duas vezes, todas nos pusemos a caminho. Íamos depressa, acelerando os passos porque eu sabia que restava pouco. Apesar de minha idade e de meu esgotamento, corria mais do que andava. No caminho senti, um atrás do outro, os trinta e nove golpes que lhe deram no Litóstrotos. Senti também os terríveis ferimentos da coroa de espinhos enterrada em sua cabeça inocente. Caí ao solo em mais de uma ocasião, esgotada por aquela terrível surra. Mas, antes que minhas companheiras me levantassem, já estava eu de pé, correndo, sem notar que minhas mãos sangravam e que meus joelhos estavam feridos como os dele.

Chegamos a Jerusalém e vimos que a cidade era um formigueiro. Não tivemos que perguntar a ninguém. A notícia havia corrido de boca em boca e muitos se dirigiam até o monte do Calvário para contemplar o espetáculo que se anunciava. Já haviam condenado Jesus. O governador Pilatos já havia ditado a sentença e lavado as mãos. Já se aproximava a hora de tirar o réu da Torre Antônia e o conduzir até o local do suplício. Nós formávamos um grupo de mulheres perdidas entre a multidão. Não sabíamos para onde ir nem o que fazer. Às vezes não podíamos deixar de escutar os comentários das pessoas, que diziam que todos os seguidores de Jesus e que os sacerdotes haviam colocado patrulhas por toda a cidade para deter quem havia se destacado entre seus seguidores. Outros lamentavam o ocorrido porque diziam que Jesus era um bom homem, que tinha grande poder para fazer milagres, embora tivesse se excedido em suas atribuições e desafiado a muita gente poderosa. Para outros, a questão era prever se acontecia algo espetacular no último momento, se Jesus, pregado na cruz, não realizaria alguma ação extraordinária, manifestando sua condição do prometido Messias. Todos concordavam que havia chegado a hora da prova definitiva: se Ele era o Messias, não podia morrer crucificado. Se morresse crucificado, tratava-se de um impostor e portanto os sacerdotes haviam procedido bem em colocar freio em seus delírios de grandeza.

Aturdidas e sem saber o que fazer, pensamos em nos dirigir até a Fortaleza Antônia, mas foi impossível chegar perto, pela grande quantidade de soldados romanos que se encontravam no local. Então nos deixamos guiar pelo povo e fomos até o monte do Calvário, fora das muralhas da cidade. Custava-nos muito caminhar no meio da multidão. De repente, quando já nos encontrávamos próximos da porta de saída da cidade, uma gritaria enorme nos imobilizou. A rua era muito estreita, com lojas de ambos os lados, que não haviam fechado suas portas para aproveitar a multidão e tentar fazer algum negócio com as pessoas que passavam. Não havia condições para nos movermos nem para nos refugiarmos, porém conseguimos nos colocar em um canto, como faziam os outros. Imediatamente soubemos o que ocorria: a comitiva com o réu já havia saído da Fortaleza Antônia e se dirigia ao Calvário. Iam o mais rápido possível para abreviar o percurso e evitar o temido contragolpe dos supostos partidários de meu filho. Porém, desses partidários não ficara nem rastro. Parecia que só nós estávamos lá, confundidas na multidão, sem medo, porém com o coração latejando como um cavalo desenfreado. Minha prima Maria estava a meu lado e chorava, pensando em meu filho, porém também na sorte do seu. Do outro lado encontrava-se a outra Maria, a irmã de Lázaro e Marta, a que chamam de Madalena. Marta também se encontrava perto, bem como Maria de Cléofas, mãe de Simão e de Judas Tadeu. Neste momento tu apareceste. Não podes imaginar a alegria que tive quando te vi. Estavas assustado como um cachorrinho que se perdeu de sua mãe e procura esconder-se entre as pernas das pessoas. Quando nos viste, correste até nós, cruzando a rua apesar de que já se acercava a patrulha de soldados abrindo caminho e dando golpes em uns e em outros, para que deixassem o trajeto livre. Tu te atiraste em meus braços e começaste a chorar, uma vez mais. "Não se pode fazer nada", disseste, e para concluir: "Não deverias vê-lo. Eu o vi e não é mais o mesmo. Não deverias vê-lo". Eu te apertei com força e com mais força ainda apertei os dentes. Ergui os olhos ao céu e lhe supliquei ajuda para poder chegar ao final sem desfalecer. Se durante algumas horas aquela comunicação especial que tinha com Jesus havia diminuído devido ao curso da viagem, agora a sentia poderosíssima. Aproximava-se por aquela ruela que era um verdadeiro caminho da amargura. Aproximava-se entre o grito ou o silêncio das pessoas, porém eu o sentia muito mais perto, em meu interior, em meu coração, em meu pensamento. Eu não o via com os olhos, mas minha alma sabia como estava a sua e sabia, além do mais, que acontecia o mesmo com ele. Ele me procurava e me havia encontrado. Senti que me pedia o que me avisara que reclamaria de mim: fidelidade, fé, apoio. Eu o senti inteiro, muito inteiro, apesar de estar extraordinariamente esgotado. Fechei os olhos e me pus a rezar. Aquela foi uma oração estranha, que nunca pude abandonar. Rezava a Deus e também rezava a Ele. Sim, a Ele que me parecia cada vez mais com menos véus que ocultassem sua identidade divina. Sem dúvida, quando tentei pronunciar seu nome e dizer "Jesus", não pude fazê-lo. Ele estava dentro de mim e eu me havia identificado plenamente com Ele.

13.3 Alguém do povo gritou: "É sua mãe"

E então abri os olhos e o vi quase a meu lado. Minhas companheiras gritaram, sobretudo Madalena, que tanto o amava. Eu não. Ele estava me olhando e que olhar era aquele! Procurava em meus olhos o que precisava encontrar: fé, fé, fé e esperança. "É sua mãe", ouviu-se alguém do povo gritar e imediatamente vários soldados se colocaram entre nós como se fôssemos perigosas, enquanto o empurravam para que passasse rápido por aquele trecho da rua.

Não pudemos nos dizer nada, somente olhar-nos. Foi o suficiente. Eu vi sua dor e Ele a minha. Ele viu minha fé, bebeu dela, se saciou com ela, enquanto eu estava consciente de que se apoiava em mim e suportei o peso de todo um Deus que precisa da ajuda de um ser humano. Ainda que esse Deus seja também um homem e esse humano seja sua mãe. Achei que o peso iria me esmagar, mas eu mesma me agarrei ao outro Deus, ao mesmo e único Deus, aquele a quem chamamos de Pai. Enquanto um me apoiava, eu apoiava o outro, como se se tratasse de uma estranha ponte, como se através de mim a divindade se colocasse em contato consigo mesma, decidida como estava a levar até o final essa estranha separação que era necessária para que meu filho bebesse até o fundo o cálice da amargura.

Levantaram-no logo. Eu não o vi cair, como me contaram que aconteceu. Vi sim uma mulher que, cheia de piedade, limpou seu rosto com um lenço. Ia atrás da comitiva, bem perto dos soldados que fechavam o pelotão. Ali nós nos pusemos também, contigo. Ela se chamava Verônica e, ao saber que eu era a mãe, dirigiu-me a palavra e após abraçar-me fortemente mostrou-me o que levava nas mãos. "Olha", disse-me. E ali estava Ele, seu rosto desenhado no pano branco. Seu sangue manchando-o todo. Sua imagem, antes tão bonita, estava agora desfigurada pela tortura, reconhecível naquela tela. "Dou-te", acrescentou. "É teu. Não sei como isto ocorreu, mas aqui está." Peguei o lenço e coloquei meu rosto junto ao seu, fazendo esforço para não me deixar levar pela emoção, pois sabia que se começasse a chorar não poderia mais me conter e meu filho não precisava de uma mãe desesperada e sim de uma mulher forte que o amparasse em seu desespero. Então dei-o a ti, que olhaste surpreso e o guardaste, como o fazes ainda.

Logo chegamos ao pé da rocha chamada de Caveira, onde crucificavam malfeitores. Já havia dois homens pregados em suas respectivas cruzes e, no centro, se elevava o mastro vertical, sobre o qual teriam que içar o outro, o que levaria pregado meu filho. Detiveram-nos antes de chegarmos, assim não pude ver nada, pois, por mais esforços que fizéssemos, não pudemos abrir passagem para as primeiras filas, cheias de curiosos e inimigos. Creio que foi um presente de Deus para mim, pois assim não tive que contemplar como introduziram os cravos em suas mãos, nem como o despojavam de suas vestes, aquela túnica que eu mesma havia tecido cuidadosamente, sem uma costura sequer e que a tantos maravilhava.

13.4 Maria, aos pés da cruz, é entregue a João

No momento da morte de Jesus, Maria é entregue por Jesus aos cuidados de João: "Quando estava crucificado, o Senhor viu junto à cruz a Virgem e João, o evangelista, a quem amava mais do que aos outros apóstolos, porque se conservava virgem. Entregou a Santa mãe Maria a seus cuidados, dizendo-lhe: 'Eis aí sua mãe'. E ela disse: 'Eis o teu filho'. Desde aquele momento, ela ficou a seus cuidados durante o resto de seus dias"[47].

E Maria, aos pés da cruz de Jesus, percebendo que a terra tremia, a escuridão tomava conta da cidade de Jerusalém e que milagres ocorriam, exclamou: 'Esses milagres anunciam a morte de meu filho!'

A João, que chorava ao seu lado, perguntou: "João, meu filho morreu mesmo na cruz?" Ele inclinou a cabeça e lhe disse: "'Sim, minha mãe, morreu!"[48]

47. Cf. Trânsito de Maria do Pseudo-Militão de Sardes 2. In: RAMOS, Lincoln. *Morte e assunção de Maria*. Petrópolis: Vozes, p. 27-42.

48. Cf. Evangelho de Gamaliel 2,40-41. In: MORALDI, Luigi. *Evangelhos apócrifos*. São Paulo: Paulus, 1999, p. 343.

13.5 Maria, tendo Jesus no colo, lhe diz: "Até breve, amor meu, filho meu, até breve"

O *Evangelho secreto da Virgem Maria*[49] narra que, após a morte de Jesus, Madalena se aproximou deles (os soldados) e suplicou que nos deixassem ajudar, que nos permitissem cuidar daquele corpo para que não fosse maltratado como um desprezado, já que um mensageiro fora pedir permissão a Pilatos para dar-lhe uma sepultura digna. Um dos soldados, aquele que lhe aliviara a sede com a esponja embebida em vinagre, convenceu seus companheiros. O mesmo se ofereceu para fazer a parte mais dura da tarefa com o máximo cuidado, pois haviam baixado os outros arrancando-lhes as mãos.

Foi assim que o tive novamente em meus braços. Estava morto. Seu coração já não batia mais. Já não brilhavam seus olhos, que continuavam terrivelmente abertos. A espantosa coroa havia caído e se viam as feridas abertas em sua cabeça. Por algumas ainda brotava um pouco de sangue e todo o seu corpo era uma pura chaga, com os golpes da flagelação marcados vivamente em sua pele destroçada. Sentei-me na rocha e apoiei seu torso em minhas pernas, deixando o restante do corpo deitado no chão. Madalena e as outras mulheres choravam com uma amargura sem limites, ao mesmo tempo em que procuravam, com o máximo cuidado, limpar os seus pés do barro e do sangue. Eu abraçava seu corpo e beijava docemente seu rosto, porém continuava sem poder chorar. Fechei seus olhos como pude,

49. Cf. p. 202-203.

aqueles olhos que eu mesma havia aberto para a vida, e depositei um beijo em cada uma de suas pálpebras e outro em sua fronte. Então me lembrei de que Ele havia feito um sinal estranho sobre alguns dos moribundos da família e também dos amigos que havia acompanhado nos momentos da morte. Lembrei que aquele sinal era precisamente o de uma cruz e me dei conta de que em uma cruz acabava de morrer. Não entendi mais do que isso, porém compreendi que havia uma relação entre uma coisa e outra, assim que agora era eu que lhe fazia o sinal na fronte. Depois o abracei, agarrei-me a Ele sem poder soltá-lo enquanto seus braços caíam pelos lados, rígidos, sem vida.

Então tu chegaste com a permissão de Pilatos, que José de Arimateia havia acionado enquanto Jesus ainda estava vivo no suplício. O próprio José nos cedia sua tumba nova, que ficava bem perto dali, no cemitério que rodeava essa parte da cidade.

Quando me viste assim, com meu filho morto entre os braços, agarrada a Ele como um náufrago se agarra ao último pedaço de madeira que resta do barco afundado, criticaste os outros por me terem deixado voltar e, com a nova autoridade que se dava o fato de ter recebido a incumbência de cuidar de mim, falaste-me com suavidade, porém com firmeza: "Vamo-nos", disseste. "Deixa que elas preparem o cadáver. É hora de voltarmos para casa."

Não protestei. Não havia derramado uma lágrima sequer e sentia-me flutuando em uma nuvem, sem entender o que me passava, sem poder explicar a mim mesma que fazia eu ali, viva, enquanto ele, o sentido de minha vida, estava morto. Quem sabe, naquela tarde, eu estivesse roçando as raias da loucura, mas creio que não era isso, porque depois tive ocasião de entender o que estava acontecendo comigo. Beijei-o pela última vez e lembro que lhe disse, sem saber o porquê: "Filho, até breve. Não estás só. Não te preocupes. Tudo vai sair bem. Amo-te muito".

Ao ouvir-me, todos, inclusive tu, redobraram seus prantos. Sem dúvida pensastes que eu estava louca, porque não tinha sentido nada do que estava dizendo. Tampouco eu sabia o que dizia, porém era minha cabeça.

Era já tarde demais para ir a Betânia. Havia pouca luz, o sábado começava e eu não tinha forças para caminhar nem era conveniente nos colocarmos a caminho, por isso levaste-me à casa de Nicodemos, que se havia oferecido para dar alojamento a todos até que o sábado passasse. Estava assustado pelo que pudesse ocorrer, como estavam todos, temendo que, após matar Jesus, quisessem acabar com todos os discípulos, incluindo ele mesmo, ainda que não fosse um dos mais visados. Porém comigo foi muito amável, assim como a mulher e os outros de sua casa. Com grande solicitude me acompanharam até o quarto que me destinaram e uma criada me ajudou a tirar a roupa e a me banhar. Depois deitei. Eles ficaram celebrando a ceia da Páscoa...

13.6 Maria lamenta a morte de Jesus e a negação de Pedro

O *Evangelho de Gamaliel*[50] conta que Maria continuou lamentando a morte de Jesus, na sua casa. João, tendo

50. Cf. 3,24-25.40-41.

sido informado que Jesus fora sepultado em uma sepultura nova, perto de um jardim, envolto em um sudário novo e revestido de aromas e abundante mirra, procurou Maria e lhe contou tudo. Maria perguntou sobre quem havia feito isso. João respondeu que teriam sido José e Nicodemos, de Arimateia, homens influentes.

Tendo João pedido a Maria que cessasse então o lamento, ela respondeu: "Mesmo que o túmulo de meu filho fosse a arca de Noé, eu não terei nenhuma consolação, se não vir seu túmulo para derramar sobre ele minhas lágrimas". E João ainda lhe disse que era difícil fazer isso, pois o seu sepulcro estava sendo vigiado por quatro soldados do exército do governador.

Maria também lamentou profundamente a negação de Pedro. Ela mandou chamar a João, e ambos choraram a atitude de Pedro.

Em seguida, João lhe disse: "Ó minha mãe, não chores por causa de Pedro ter negado nosso Senhor. Sobre ele não pesa a acusação que pesa sobre Judas, que o traiu. Durante a Ceia com meu mestre, ouvi Pedro dizer-lhe: 'Longe de ti, meu Senhor e Deus! Jamais te negarei, para mim seria melhor morrer! Não te aconteça nada de semelhante! De minha parte, sacrificarei minha vida por ti'".

E João, lembrando-se de que o próprio Jesus a repreendera, continuou: "Agora, porém, Minha Senhora e Mãe, não chores por causa do pai Pedro, porque sua negação será o arrependimento dos pecadores. Ele mesmo desmentiu sua palavra e acreditou na palavra do Senhor"[51].

51. Cf. Evangelho de Gamaliel 1,56. In: MORALDI, Luigi. *Evangelhos apócrifos*. São Paulo: Paulus, 1999, p. 341-342.

A narrativa continua contando que as mulheres Joana, Maria Madalena e Salomé confortaram Maria. Outras mulheres, no entanto, mencionadas no texto como judias, condenaram Maria por terem ficado estéreis, durante dois anos depois que Maria gerou Jesus.

O interessante neste relato é que Pedro é poupado por Jesus. Ele é chamado, por João, de Pai Pedro e Maria, de Minha Senhora e Mãe. Assim, Pedro é venerado como Pai e líder da Igreja. O mesmo ocorre em outros textos apócrifos. Maria é a mãe que compreende o erro de Pedro e o perdoa, apesar de ter ficado triste com ele.

A condenação das mulheres judias pode ser compreendida no contexto da condenação do cristianismo ao judaísmo, por não ter aceitado Jesus como Messias. As palavras de condenação das mulheres são, retoricamente, contra elas mesmas. Por não aceitarem Jesus, elas se tornaram estéreis. E, neste pormenor, elas, infelizmente, parecem ser o próprio judaísmo. Lamentável, mas compreendido na consciência possível da época.

13.7 Maria vai ao sepulcro e encontra-se com o Filho ressuscitado, que a consola

E depois disso, Maria esperou uma noite e um dia. Na manhã de domingo, bem cedo, ela foi ao túmulo. E tudo aconteceu, na pena do autor do Evangelho de Gamaliel[52], assim:

Chegando, apressadamente, ao sepulcro, Maria olhou em torno e fixou o olhar na pedra. Ela tinha sido rolada

52. Ibid., 4,3–6,12.

da entrada do sepulcro. Então exclamou: "Esse milagre aconteceu em favor de meu filho. Agora, pergunto-me, com apreensão, quem foi que rolou essa pedra da entrada do sepulcro?" Ela avançou até a entrada do sepulcro, mas não viu o corpo do filho.

Quando despontou o dia, enquanto seu coração estava abatido e triste, da direita da entrada penetrou no sepulcro um perfume aromático. Parecia difundir-se do perfume da árvore da vida. A Virgem se voltou e em pé, perto de uma nuvem de incenso, viu Deus vestido de esplêndida púrpura celeste. Ele lhe disse: "Mulher, por que choras e te lamentas, assim triste, sobre um sepulcro no qual não há nenhum cadáver?" E ela lhe respondeu: "É justamente isso, Senhor, que me entristece! Não encontro no sepulcro o cadáver de meu filho querido para chorá-lo e assim consolar minha tristeza". Jesus lhe respondeu: "Ainda não estás cansada de chorar e lamentar-te do começo até agora? Choraste longamente sobre um túmulo vazio. Se tivesses encontrado o cadáver de teu filho, as lamentações e as lágrimas não cessariam?" E ela respondeu: "Se eu tivesse encontrado o meu senhor, eu teria tirado disso ao menos um pouco de conforto". Jesus lhe disse: "Não é verdade! Se o tivesse encontrado morto não terias tido nenhum consolo da visão de seu lado traspassado por uma lança, de suas mãos feridas, dos sinais dos cravos e do seu corpo manchado de sangue".

E Jesus diz a Maria: "Consola-te, mulher. Para ti foi melhor não tê-lo visto morto e não te ter entristecido. Que conforto terias tido, vendo-o ainda vivo, pendendo na cruz, e que dor não terias sentido em teu coração, que ardia como fogo! Agora que Ele está morto e envolto e convenientemente sepultado, tu, ó mulher, tiveste a coragem de vir até aqui, apesar dessa escuridão temerosa e enquanto a cidade, por causa dele, está invadida por uma agitação perigosa. As sentinelas fugiram há pouco, e os judeus combinaram com elas um engano contra teu filho. Pensas talvez que este túmulo pertença aos judeus e que foram eles que puseram nele o cadáver de teu filho? Não, mulher! O proprietário deste túmulo, eu o conheço: é José, e também este jardim é dele".

E a Virgem lhe respondeu: "Senhor, vejo que sabes com precisão o que aconteceu a meu filho e o que foi feito a Ele quando foi sepultado neste túmulo. Meu coração não me permitiu ficar na casa de João; por isso, levantei-me e vim aqui para procurá-lo. E agora, meu senhor, se és o guarda do jardim, conjuro-te, pelo esplendor de tua veste e pelas benévolas palavras que me disseste, que sejas tão bom que me informes sobre esses acontecimentos. Porque estou inconsolável. Explica-me o que foi feito a Ele, uma vez que não encontrei o cadáver no túmulo. Levaram-no, talvez, os judeus, que odiavam tanto a Ele como ao governador, ou está escondido no jardim. Sabes quem o tirou daqui? Tem piedade de mim! Mostra-me onde Ele se encontra, para que eu possa vê-lo; isso me bastará. Pela vida de tua alma, confesso-te, ó irmão, que nunca vi este lugar antes de hoje".

Então Jesus disse a Maria: "Derramaste muitas lágrimas. Aquele que foi crucificado está vivo e está falando contigo, e o teu consolador é justamente aquele que tu procuras, é aquele que está vestido da púrpura celeste. Aquele cuja sepultura procuras é aquele que quebrou as portas de bronze e libertou os prisioneiros do inferno. Compreende minha graça e minha misericórdia, Maria! Vê, consolei-te com uma palavra de vida. Não temas, não te desorientes, observa bem meu rosto, ó minha mãe, e convence-te que eu sou o teu filho. Eu sou o Jesus que, em Betânia, ressuscitou Lázaro, eu sou o Jesus que é a ressurreição e a vida, eu sou o Jesus cujo sangue foi espalhado sobre a rocha do patíbulo. Eu sou o Jesus que consola tua tristeza, eu sou o Jesus por cuja morte choraste; agora Ele está vivo! Eu sou o Jesus por cujo amor derramaste lágrimas. Agora Ele te consola com sua ressurreição, antes de todos os outros. Ninguém levou embora meu cadáver, mas ressuscitei por querer de meu Pai, ó minha mãe. Hoje vieste ao meu sepulcro, ó minha mãe, enquanto eu tirei dos infernos aqueles que estavam em cadeias e salvei aqueles que tinham caído em pecado".

13.8 Maria diz a Jesus: "Feliz Ressurreição!" Jesus diz a Maria: "Vá e anuncie aos apóstolos a minha ressurreição!"

Após Maria ter ouvido as palavras de Jesus, o seu coração se encheu de força e consolação. Ela cessou de chorar e de ficar desorientada. Aos seus olhos foi concedido ver e contemplar a divindade dele. Então ela lhe disse: "Ressuscitastes então, meu Senhor e meu filho? Feliz ressurreição!" E ela se ajoelhou para beijá-lo. Mas Ele lhe disse: "Que te baste, ó minha mãe, a alegria de minha ressurreição. Olha os prisioneiros do inferno, que se alegram e rejubilam porque eu os levo em dom a meu Pai, antes de conduzi-los ao jardim do Éden".

A Virgem pura olhou e viu em torno dele os prisioneiros que Ele tinha tirado do inferno. Eles usavam vestes de púrpura branca. A essa vista, ela ficou admirada. Jesus lhe disse: "Corre aos meus irmãos, levando-lhes a notícia e o feliz anúncio de minha ressurreição dos mortos. Apressa-te, volta a eles, minha mãe! Não permaneças à direita de meu sepulcro. A multidão dos judeus e Pilatos virão ao sepulcro para verem o que aconteceu"[53].

E, depois disso, Jesus desapareceu. Maria foi ter com os apóstolos e mulheres para lhes anunciar os fatos e a ressurreição de Jesus.

Posteriormente, segundo o mesmo *Evangelho de Gamaliel*, Pilatos vai ao túmulo e, diante do fato, professa a sua fé na ressurreição.

13.9 Maria, a mãe que não abandona seu filho

Os fatos narrados sobre a morte de Jesus e a sua relação com Maria nos mostram a importância dela no momento crucial da vida de Jesus. Só mesmo uma mãe teria agido assim. Ela não abandona o seu filho. Como mulher, ela sabia das limitações que a sociedade daquela época impunha às mulheres.

Permanecer presente aos pés da cruz, lamentar a morte, ir ao sepulcro, anunciar aos apóstolos que seu filho havia ressuscitado, ver o ressuscitado e conversar com ele, são todos sinais evidentes da piedade mariana. Fa-

53. Cf. *Evangelho de Gamaliel* 6,13-18.

tos que receberam maior destaque nos evangelhos apócrifos que nos canônicos.

Maria não é mulher passiva diante da ressurreição de seu filho. Ela anuncia o ressuscitado para os apóstolos e toda a cidade de Jerusalém.

No evento da ressurreição eclode com beleza poética a saudação de Maria: "Feliz ressurreição, meu Filho!" É como se dissesse: você, meu Filho, já é feliz, pois está no caminho. Continue nele. Continue a "marcha", no caminho dos ressuscitados, que você nos ensinou. Seja para nós um caminho de ressurreição. Em hebraico, o substantivo *asherê*, traduzido por feliz, significa muito mais que isto, é um estar em marcha, a caminho[54].

Neste episódio apócrifo, Maria é a Madalena do Evangelho de João, que sai à procura do seu amado e o encontra ressuscitado no túmulo. Somente duas mulheres que amam apaixonadamente o amado é que seriam dignas dessas atitudes[55]. Uma não é menor que a outra. Mãe e amada se complementam. A tradição não teve como negar isso.

54. Cf., neste sentido, o comentário que fizemos ao evangelho de Maria Madalena, quando trata do tema, em *As origens apócrifas do cristianismo – Comentário aos evangelhos de Maria Madalena e Tomé*. 2. ed. São Paulo: Paulinas, p. 51-53.

55. Confira a nossa reflexão poética sobre o encontro de Madalena com Jesus no sepulcro e sua relação com a mulher de Cânticos dos Cânticos em nosso livro *As origens apócrifas do cristianismo – Comentário aos evangelhos de Maria Madalena e Tomé*. 2 ed. São Paulo: Paulinas, p. 35-41.

13.10 Jesus aparece a Maria e lhe diz: "A tua tarefa é a de ser a mãe de todos!"

Poética é a narrativa da aparição de Jesus a Maria em *Evangelho secreto da Virgem Maria*[56].

Logo após a morte de Jesus, Maria estava dormindo e sente Jesus ir ao seu encontro. Ela conta: Então o vi. Não precisei perguntar quem era. Não tive a menor dúvida. Ali estava e era Ele, esperando que eu despertasse e velando meu sono. Filho, gritei e me lancei em seus braços. Mãe, disse-me enquanto passava a mão por meu cabelo em desordem, tranquiliza-te. Já aconteceu tudo. Estou de novo aqui contigo. Então me beijou. Asseguro-te, João, que era Ele e que eram seus braços, seus beijos, sua voz, seu olhar. Não me perguntes se se parecia ou não, se tinha os mesmos traços ou se havia algo diferente. Não me detive a pensar e a comparar com o que havia em minha memória. Era Ele, sem dúvida alguma, porém não como fantasma, e sim bem real, tão real que o estava abraçando e Ele passava os dedos por meu rosto molhado e beijava meus olhos cheios de lágrimas.

Vencemos, mãe, vencemos. Enfim derrotamos o maligno. Finalmente a morte está proscrita. A batalha foi dura e angustiante, mas a vitória é nossa e é definitiva. Também tu tiveste parte nela, embora tenha sido através do Pai, de mim e do Espírito. Não sabes quanto me ajudou a tua fortaleza e como me consolou ver-te junto à cruz, cheia de fé e de esperança. O Pai quis se

56. Cf. p. 206-208.

ocultar e, embora nunca tenha me deixado realmente sozinho, não permitiu que me faltasse o que não se nega a nenhum ser humano: o consolo da mãe, o apoio daquela que lhe deu a vida. Por isso e pelo que ocorreu no princípio, chamar-te-ão bem-aventurada todas as gerações e serão muitos os que elevarão a ti seus olhos em suas próprias amarguras, quando estiverem cravados em suas cruzes, para que os consoles, apoies, acompanhes e alivies. Esta será tua tarefa, tua eterna tarefa: a de ser mãe de todos, educadora de todos, consoladora de todos, mediadora de todos.

De todos, filho?, lembro que lhe perguntei, estranhando um pouco. "Sim, de todos", respondeu-me, "porque eu não vim salvar aqueles que já estavam salvos, e sim os que estavam perdidos. De todos, inclusive de meus piores inimigos, dos que me mataram. És mãe de todos, começando pelos que estão próximos, aqueles que terás que ajudar para que não lutem entre si, como fazem as mães que possuem família numerosa. Serás também mãe dos que estão longe, dos que não me conhecem, dos que me desprezam. Eu morri por todos, amo todos e a todos redimo. E tu não podes excluir de teu coração aqueles que eu aceito. Para que eles possam ser de verdade meus irmãos, tu tens que ser sua mãe, da mesma forma que Deus tem que ser seu Pai. Só assim, tendo o pai e a mãe em comum, estaremos unidos de verdade em uma mesma família. Além disso, mãe, sei que em teu coração não pode caber a exclusão, nem o rancor, nem o ódio. Cuidarás de todos, especialmente daqueles que levam o sinal da minha cruz no corpo ou na alma, e por isso amarás inclusive os pecadores, pois não há cruz nem desgraça maior que estar longe de Deus, e ter enfrentado e brigado com a origem da felicidade e da vida".

Ainda estivemos juntos muito tempo, sentados os dois na cama, às vezes abraçados com as mãos entrelaçadas. Em silêncio e desfrutando da mútua companhia. E também falando.

Depois, quando já começava a clarear, despediu-se de mim. "Vou ver Madalena e as outras", disse-me. "É hora de começar tudo de novo. Fica tranquila, ajuda-as a superar o medo e não deixes de rezar, porque nada do que peças ao Pai te será negado." Ele concluiu e me deu um grande e definitivo abraço e um último beijo.

Partiu como viera, sem o menor ruído, sem ser notado. Pela janela entrou um sopro de ar fresco e suave. Eu ainda permaneci ali, sentada na cama, durante muito tempo. Sentia-me aturdida, estranha, tranquila, plena. Não podia pensar, não podia tirar conclusões, não podia quase nem rezar. Somente podia recordar. Recordar suas palavras, sua presença a meu lado, seu abraço, seus beijos. Lembrar que estava vivo e deixar que, lentamente, as lágrimas se derramassem por minha face, lágrimas de desafogo, de gratidão e também de triunfo.

14

Maria e os apóstolos

Os apócrifos em vários episódios mostram como os apóstolos se relacionavam com Maria. Como veremos, ela é apresentada como mulher que tinha liderança entre eles, sobretudo após a morte de Jesus.

14.1 Maria é interrogada sobre o modo como ela concebeu Jesus

O *Evangelho de Bartolomeu*[57] conta que os apóstolos Pedro, André, João e Bartolomeu, depois da morte e ressurreição de Jesus, interrogam a Maria sobre o modo como ela concebeu Jesus.

Os apóstolos estavam no lugar chamado Queltura. Bartolomeu se aproximou e disse a Pedro, André e João: "Perguntaremos à Cheia de graça como concebeu o Senhor, como o gerou e como carregou aquele que não

57. Seguimos a tradução de Luigi Moraldi. In: *Evangelhos Apócrifos*. São Paulo: Paulus, 1999, p. 363-380.

pode ser carregado". Mas eles hesitavam em interrogá-la. Bartolomeu disse a Pedro: "Tu, como chefe e mestre, aproxima-te e interroga-a". Mas Pedro disse a João: "Tu, como virgem, sem mancha e amado, aproxima-te e interroga-a".

Como todos hesitavam e discutiam, Bartolomeu se apresentou com aspecto alegre e disse a Maria: "Saúde a ti, Tabernáculo do Altíssimo! Nós todos, apóstolos, desejamos interrogar-te sobre como concebeste aquele que é inconcebível, como carregaste aquele que não pode ser carregado e como geraste uma grandeza tão grande".

Maria lhes disse: "Não me interrogueis sobre este mistério. Porque se começar a falar-vos dele, de minha boca sairá fogo que consumirá a *ecumene*". Mas eles ainda continuaram a interrogá-la. E ela, não querendo recusar-se a atender os apóstolos, disse: "Ponhamo-nos de pé, em oração" (*Evangelho de Bartolomeu* 2,1-6).

Neste início de diálogo sobre a concepção de Maria fica claro a insistência deste evangelho em mostrar a autoridade de Pedro sobre os demais apóstolos, considerado chefe e mestre. Como veremos, a seguir, Maria também reconhece a liderança de Pedro.

O destaque dado a João, assim como em outros evangelhos e atos apócrifos, a sua virgindade[58], é reflexo do movimento gnóstico encratista, que tinha a virgindade como modelo.

58. O relato dos atos apócrifos de João e sua virgindade mantida em favor do seguimento de Jesus encontra-se em nosso livro *Vida secreta dos apóstolos e apóstolas à luz dos Atos Apócrifos*. Petrópolis: Vozes, 2005, p. 149-187.

Dada a importância dos três apóstolos Pedro, André e João, eles aparecem aqui juntos. Bartolomeu aparece como um quarto elemento, também importante, no caso, porque o episódio em questão está no Evangelho que lhe foi atribuído.

14.2 Maria pede aos apóstolos que se coloquem em oração

Como mãe, Maria não hesita em deixar os apóstolos sem uma resposta ao pedido. Sabendo que o fato a ser relatado é muito importante, ela lhes pede para se colocarem em oração.

Ao seu pedido de oração, os apóstolos colocam-se de pé atrás de Maria, mas a Pedro ela pede que fique à sua frente, argumentando que não ficaria bem, ele, sendo o chefe e a coluna deles (os apóstolos e apóstolas), ficar atrás.

E os apóstolos disseram a Maria: "O Senhor pôs em ti seu tabernáculo e se comprazeu que tu o contivesses; cabe, portanto, a ti, com maior razão, a direção da oração"... E Maria lhes disse: "Vós sois estrelas brilhantes do céu; cabe a vós orar"... E eles responderam-lhe: "Cabe a ti orar, a ti, que és a mãe do rei celeste". Disse-lhes Maria: "Deus fez aves a vossa semelhança e as mandou aos quatro cantos do mundo"... Mas eles lhe responderam: "Aquele que mal cabe nos céus quis ser contido em ti".

Então Maria ficou de pé, diante deles, estendeu os braços para o céu e começou a dizer assim: "*Elfusa... olot e una tessai, liso, adonai, rerunbaubelt, barbur, tarasu, eru-*

ra, eded, errose... teotea, arneniot, aned... euargt, marmarige, eofros, turiamuch, eusbar"... O que em língua grega significa: "Deus grande e sapientíssimo, rei dos séculos, inexplicável e inefável, que, com a palavra, deste consistência às grandezas sidéreas, que puseste o fundamento da altura do firmamento na harmonia, que separaste da luz a tenebrosa escuridão, que puseste em um mesmo lugar os fundamentos da terra e não quiseste que ela perecesse... tu, que proporcionais a cada um o nutrimento, orvalhando-a, qual chuva, com a bênção do Pai, tu, que mal és contido pelos sete céus e te comprazeste em ser contido em mim sem dificuldade, tu que és a palavra plena do Pai, pela qual vieram à existência todas as coisas, dá glória, Senhor, ao teu grandíssimo nome e ordena-me falar diante de teus santos apóstolos"[59].

Maria pediu aos apóstolos para rezarem, mas é ela quem faz a oração diante deles. Os próprios apóstolos parecem não aceitar os seus argumentos de defesa do apostolado dos homens.

14.3 Maria conta como foi a concepção de Jesus

A continuidade do relato leva o leitor a imaginar uma cena de filme de suspense. As cinco pessoas sentam-se por terra. Cada um dos apóstolos tem que segurar o corpo de Maria, de modo que os seus ossos não se desarticulem, ao relatar o modo como foi a concepção de Jesus.

59. Cf. *Evangelho de Bartolomeu* 2,9-13.

Assim diz o texto: "E, terminada a oração, disse Maria: 'Sentemo-nos na terra. Tu, Pedro, que és o chefe, senta-te à minha direita e põe tua mão esquerda sob o meu braço. Tu, André, faze a mesma coisa à minha esquerda. Tu, João, que és virgem, põe a mão em meu peito. E tu, Bartolomeu, dobra teus joelhos atrás de mim e sustenta meus ombros, a fim de que, quando eu começar a falar, meus ossos não se desarticulem".

Quando fizeram assim, ela começou a dizer: "Quando eu estava no Templo de Deus e recebia a comida das mãos de um anjo, apareceu-me, um dia, uma visão como de um anjo, mas seu aspecto era incompreensível, e em suas mãos não tinha nem comida nem bebida, como tinha o anjo que tinha vindo antes. E, de repente, rasgou-se o véu do Templo, houve um grande terremoto e eu caí de bruços, não podendo suportar sua vista. Mas Ele estendeu sua mão embaixo de mim e levantou-me; olhei para o céu e veio uma nuvem de orvalho sobre meu rosto e me orvalhou da cabeça aos pés. Depois me enxugou com seu manto e me disse: 'Alegra-te, cheia de graça, vaso de eleição!' Deu um golpe com a mão direita, e apareceu um pano grandíssimo, que Ele pôs sobre o altar do Templo: Ele comeu primeiro; depois deu também a mim. Depois deu outro golpe com a borda esquerda de sua veste, e apareceu um cálice cheio de vinho; Ele bebeu primeiro, depois deu também a mim; olhei e vi um cálice cheio de pão [sic]. Em seguida, disse-me: 'Ainda três anos e te mandarei minha palavra; e tu conceberás um filho, por meio do qual será salva toda a criação. Tu serás o cálice do mundo. Paz a ti, minha dileta! A minha paz estará contigo para sempre!' Desapareceu então de mim, e o Templo ficou como antes"[60].

O texto também conta que Maria recebeu do anjo, quando ela ainda vivia no Templo, o anúncio que ela conceberia três anos após aquela data. O número três representa a esfera do sagrado, do divino. Comer do pano que cobre o altar significar inebriar-se do sagrado. Cálice, vinho e pão recordam a doação de Jesus e de seu corpo para a implementação do Reino de Deus. Assim como Jesus, Maria doa seu corpo para o Reino. O seu corpo é como um cálice que recebe e doa Jesus, o Vinho dos Consagrados. Interessante é que os consagrados, os nazireus do Templo, não podiam tomar vinho. Numa tradição antiga sobre Maria Madalena conta-se também a sua relação com o Cálice que ela leva consigo na fuga para a região da atual França. Daí o famoso "Santo Graal" (Cálice).

Até este ponto Maria pôde revelar aos apóstolos, mas o modo como foi a concepção, não. O Evangelho de Bartolomeu termina o relato dizendo que quando Maria falava, de sua boca saía fogo. "E, quando o mundo estava prestes a ser destruído, apareceu o Senhor e disse a Maria: 'Não reveles este mistério; do contrário, hoje toda criação será destruída'".

E os apóstolos foram tomados de medo, temendo que o Senhor se irasse contra eles.

60. *Evangelho de Bartolomeu* 2,14-21.

14.4 Pedro pergunta a Maria se ela eliminou a transgressão de Eva

No *Evangelho de Bartolomeu 4,1-6* encontra-se um questionamento sem resposta de Pedro a Maria sobre a transgressão de Eva e sua relação com Maria.

Conta-se que Jesus Glorioso, tendo levado os apóstolos para o Monte das Oliveiras, Pedro toma a palavra e diz a Maria: "Cheia de graça, suplica ao Senhor que nos revele as coisas que estão nos céus". Maria respondeu a Pedro: "Pedra retirada da rocha, não prometeu Ele edificar sobre ti a sua Igreja?" E Pedro insistiu: "Ó Tabernáculo aberto!" E Maria respondeu: "Tu és a imagem de Adão. Ele, Adão, não foi formado primeiro, e depois Eva? Olha o sol. A imagem de Adão supera os outros astros. Olha a lua! Cheia de lama por causa da transgressão de Eva. Com efeito, o Senhor pôs Adão no Oriente, e Eva, no Ocidente, e ordenou que os dois astros resplandecessem sobre as duas (pessoas)".

Depois que chegaram em cima do monte, e o Senhor se afastou brevemente deles, Pedro disse a Maria: "Foste tu que eliminaste a transgressão de Eva, transformando-a de vergonha em alegria?" Esta pergunta não é respondida por Maria. No entanto, na sequência aparecem discussões, como: pecado de Adão e Eva, edificação da Igreja na rocha, que é Pedro; Maria, o Tabernáculo, isto é, o ventre onde Jesus fora concebido. Pedro reconhece o papel de Maria de conceber o Salvador sempre. Ela é um "tabernáculo aberto", que gera a vida em Deus.

15

Morte e assunção de Maria

A história da morte de Maria e a interpretação piedosa da mesma pelas comunidades estão presentes em vários textos e versões apócrifas, com poucas diferenças entre si. Neles, Maria aparece junto com os apóstolos, os quais a assistem nos momentos finais de sua vida até a assunção.

Procuraremos reconstruir estas histórias da morte ou, como dizem os textos, Dormição de Maria, e sua Assunção aos céus.

Escrevendo a João, no *Evangelho secreto da Virgem*[61], Maria diz: "Se me perguntassem o que espero depois da morte, querido João, diria apenas uma coisa: voltar ao céu. É que eu já vivi no céu. E não durante uma fugaz temporada. Vivi no céu durante, pelo menos, trinta anos seguidos. Vivi no céu porque estava com Deus, quero dizer, com meu filho, convivendo com Ele ao mesmo tempo em que lhe ensinava o pouco que eu sabia".

61. Cf. p. 115.

Segundo a tradição, a morte de Maria ocorreu dois anos depois da morte de Jesus. Maria havia fixado residência no Monte das Oliveiras, em Jerusalém, na casa de seus pais, Joaquim e Ana. João cuidava dela como mãe[62].

15.1 Maria pede a Jesus para ser avisada da sua morte

A *Passagem da Bem-Aventurada Virgem Maria* 1–3[63] conta que, antes da Paixão de Jesus, Maria lhe fez o seguinte pedido: "Ó caríssimo filho, rogo à tua Santidade que, quando chegue o momento que minha alma tenha de sair do corpo, faças-me saber com três dias de antecedência. E então Tu, querido filho, encarrega-te dela na companhia de teus anjos". E Jesus lhe respondeu: "Ó habitação e templo de Deus vivo, ó mãe bendita, ó rainha de todos os santos e bendita entre todas as mulheres, como sabes, antes de me carregares em teu seio guardei-te continuamente e te alimentei com meu manjar angélico. Como irei abandonar-te depois de me haveres gerado e alimentado, depois de me haveres levado na fuga ao Egito e haveres sofrido por mim tantas angústias? Fica sabendo, então, que meus anjos sempre te guardaram e te seguirão guardando até o momento da tua passagem. Mas, após ter sofrido pelos homens conforme o que está escrito e depois de haver ressuscitado ao terceiro dia e subido ao céu ao final dos quarenta dias, quando me vires vir ao teu encontro na companhia dos anjos e dos arcanjos, dos santos, das virgens e

62. Cf. *Trânsito de Maria do Pseudo-Militão de Sardes* 2.

63. In: *Proscritos da Bíblia*, II. São Paulo: Mercuryo, p. 325-334.

de meus discípulos, podes estar certa então de que chegou o momento em que tua alma será separada de teu corpo e transportada por mim ao céu, onde nunca experimentarás a mínima atribulação ou angústia".

Diante da promessa de Jesus, Maria beijou os pés dele, o abençoou e louvou a Deus pelo dom concedido através de seu filho, Jesus Cristo. Esta promessa de Jesus, segundo os relatos posteriores, vai se concretizar. Maria não só é avisada da morte, mas recebe a visita de Jesus com seus anjos. Vejamos os fatos.

15.2 Maria recebe o anúncio de sua morte, uma palma e um livro

Vivendo em Jerusalém, Maria mantinha o costume de ir ao sepulcro de Jesus queimar aromas e rezar pedindo a Ele que viesse à sua presença. Os judeus a denunciaram aos príncipes dos sacerdotes. A tumba foi reforçada, mas os guardas não eram capazes de perceber a sua presença, pois Deus não os permitia vê-la.

"Certo dia, uma sexta-feira, a santa Maria foi, como de costume, ao sepulcro. E, enquanto estava orando, aconteceu que os céus se abriram e o Arcanjo Gabriel desceu até ela e lhe disse: *Deus a salve, ó mãe de Cristo nosso Deus; tua oração, depois de atravessar os céus, chegou até a presença de teu Filho e foi ouvida. Por isto abandonarás o mundo daqui a pouco e partirás, conforme teu pedido, para as mansões celestiais, ao lado de teu Filho, para viver a vida autêntica e perene*"[64].

64. Cf. Livro de São João Evangelista, o teólogo, sobre a passagem da Santa Mãe de Deus, 3. In: *Proscritos da Bíblia*, II. São Paulo: Mercuryo, p. 307-324.

Já a *Passagem da Bem-Aventurada Maria* 4, ressaltando que Maria rezava dia e noite, nos diz que na antevéspera de sua morte ela recebeu a visita de um anjo do Senhor, o qual saudou-a dizendo: "Deus te salve, Maria; és cheia de graça; o Senhor é contigo". Ela, por sua vez, respondeu: "Graças sejam dadas a Deus". Ele tomou novamente a palavra para dizer-lhe: "Recebe esta palma que te foi prometida pelo Senhor". Ela, então, transbordante de gozo e de gratidão para com Deus, tomou das mãos do anjo a palma que lhe havia sido enviada. E o anjo do Senhor disse-lhe: "Daqui a três dias terá lugar sua ascensão". Ao que ela replicou: "Graças sejam dadas a Deus".

O *Trânsito de Maria do Pseudo-Militão de Sardes* 3 relata uma pequena diferença. O anjo diz que trouxe para ela ramo de palmeira do Paraíso e que ela se encarregaria de fazer com que ele fosse levado à frente de seu féretro. O anjo também lhe garantiu que o seu filho a esperava, acompanhado dos coros angélicos.

A diferença maior, no entanto, ocorre no apócrifo *Livro do Descanso*[65] 1-2. Um Grande Anjo, isto é, Jesus aparece para Maria e lhe oferece um livro e lhe pede para ir ao Monte das Oliveiras. Assim diz o texto: "Quando Maria ouviu do Senhor que seu corpo repousaria, veio a ela o Grande Anjo e lhe disse: 'Levanta-te, Maria, e recebe este livro que te é dado por Aquele que plantou o Paraíso. Entrega-o aos apóstolos para que eles o abram e o leiam em tua presença. Daqui a três dias teu corpo repousará. Mandarei para junto de ti os apóstolos. Eles cuidarão de teu sepultamento. Verão a tua glória e não te

65. Cf. Livro do Descanso. In: RAMOS, Lincoln. *Morte e assunção de Maria*. Petrópolis: Vozes, 2002, p. 43-150.

deixarão até que te conduzam ao lugar onde estiveste antes'. Ela lhe respondeu: 'Por que trouxeste somente este e não trouxeste um livro para cada um? Se for dado a um só, os outros murmurarão. Além disto, que devo decidir ou fazer? E qual é o teu nome, para que, se me perguntarem, eu possa responder?' Disse-lhe: 'Por que me pedes o meu nome? Ouvi-lo causa extrema admiração. Quando vier de novo, eu lhe direi qual é. Tu, porém, deves revelá-lo aos apóstolos em segredo, para que não o digam aos homens. Do contrário, estes conheceriam o meu poder e a minha força. Não somente por causa deste livro, mas também por mim e por meu nome, realizar-se-á um acontecimento grandioso. Isto se dará para que todos os habitantes de Jerusalém se manifestem. Àqueles que creem ser-lhe-á revelado. Vai, portanto, ao Monte das Oliveiras e ouvirás o meu nome. Não o direi no meio de Jerusalém, para que não pereça toda a cidade. Tu, porém, o ouvirás, pois será manifestado no Monte. Agora ainda não chegou o tempo'".

Os textos acima, com as suas diferenças, testemunham que Maria recebeu o anúncio de sua morte por Jesus em forma de anjo. Ainda em nossos dias, tendo como base a graça obtida por Maria, o nosso povo diz que quem reza uma Ave-Maria todos os dias, Maria o avisará o dia da sua morte. Esta mesma tradição se parece com aquela dita anteriormente, que Maria estaria aos pés de quem reza uma Ave-Maria quando chegar a hora da sua morte.

O livro recebido por Maria é uma referência ao próprio apócrifo *Descanso de Maria.* Uma questão, este livro não seria a Torá (5 primeiros livros da Bíblia ou Primeiro Testamento). Para os judeus, viver é seguir a Torá todos os dias até a morte. Assim, Maria, ao receber a Torá, é confirmada por Jesus como verdadeira judia, preparada para ir ao Paraíso. Ela podia voltar para "onde já estava antes", isto é, junto de Deus.

Jesus ainda promete um acontecimento glorioso, a Glorificação de Maria. O mundo não esqueceria tal fato.

O ramo de palmeira recebido por Maria teria vindo do Paraíso. A Torá era representada por uma palmeira. Os dois símbolos estão relacionados. Na devoção popular, a palma oferecida a Maria aparece nas coroações do mês de maio. Não estaria aí a memória desta tradição apócrifa? As crianças, vestidas em forma de anjo, oferecem a Maria uma palma. Mais do que um louvor, é um anúncio de sua morte. Bom, mas entre nós, a entrega da palma não tem esta conotação.

15.3 Maria vai para o Monte das Oliveiras, onde reza e encontra-se com Jesus

Após o anúncio da sua morte, Maria tomou consigo a palma, segundo uma tradição, e, segundo outra, o livro, e segue para o Monte das Oliveiras. Ali, ela rezou assim: "Senhor, não teria sido digna de receber-te se não tivesses tido misericórdia de mim. De minha parte, guardei o tesouro que me entregaste. Peço-te, portanto, ó Rei da Glória, que o poder da geena não me cause dano. Se tremem diante de ti os céus e os anjos, quanto mais o homem feito de barro, em que não há nada de bom, além daquilo que recebe de tua generosidade. Tu, Senhor, és o Deus eterno"[66].

66. Cf. *Pseudo-Militão de Sardes* 3.

O *Livro do Descanso* 3–4 conta que, quando Maria chegou ao Monte das Oliveiras, ele se alegrou com todas as suas árvores. As árvores inclinaram a cabeça e adoraram o livro que ela trazia nas mãos. Maria, então, reconheceu a presença de Jesus, dizendo: "É Jesus! Ó meu Senhor, és certamente o meu Senhor, pois este fato maravilhoso se deu por tua causa. Vejo que as árvores te adoram". E Jesus lhe respondeu: "Ninguém é capaz de tal prodígio, a não ser aquele que é poderoso. Todo aquele que lhe pertence receberá o que lhe darei e que é tudo que existe na terra. Eu sou aquele que está nas árvores e no monte. Não penses que somente as árvores da terra se admiraram".

Neste episódio encontramos um sinal de heresia, que contribuiu para a não aceitação oficial deste apócrifo na lista dos livros canônicos. Jesus que é aquele que está nas árvores e no monte, isto remonta aos maniqueus, grupo considerado herético, que acreditava que a luz superior manifestava-se nos seres humanos, animais e plantas.

15.4 Maria e Jesus conversam no Monte das Oliveiras

Maria conversa com Jesus, no Monte das Oliveiras, sobre vários temas. Selecionamos alguns deles[67].

1) **Poder de Jesus na infância**. Jesus recorda a Maria que o seu poder lhe foi revelado pela primeira vez quando eles estavam fugindo para o Egito, per-

67. Cf. *Livro do Descanso* 2–16.

to de uma vinha. Maria deu o seu seio a Jesus, a pedido de José. Outro fato lembrado é o da palmeira, que já vimos anteriormente, que se inclina a pedido de Jesus para dar de comer a Maria e José que estavam com fome. Aqui, um outro detalhe é acrescentado à história: a palmeira é relacionada com a árvore do bem do Paraíso e para lá mandada de volta por Jesus.

2) **Morte e ressurreição de Maria**. Jesus diz a Maria que no quarto dia de sua morte Ele viria para ressuscitar o seu corpo. Ele, Jesus, ressuscitou no terceiro dia e ela, no quarto. Jesus também promete ressuscitar a todos os que seguirem suas palavras. Todos eles irão para o Paraíso com um corpo novo, incorruptível. E Maria pede a Jesus um sinal. Ele lhe diz: "Por que pensas isto, ó minha mãe? Quando for enviado a ti, não virei só, mas com todas as milícias dos anjos. Virão e cantarão em tua presença. Fui enviado a ti para dizer-te isto e para que o comuniques em segredo aos apóstolos".

3) **O corpo depois da morte**. Maria pergunta a Jesus sobre o que aconteceria com o corpo durante os quatro dias até a vinda de Jesus para levá-lo ao descanso do Paraíso. Jesus lhe diz: "Sairão de seu corpo e dormirão quatro dias. Depois virei e os acordarei e não serão deixados depois do quarto dia. Pois eu, como irmão, não quero sentir este odor. Por isso, esperarei até o quarto dia. Do contrário, viria a eles no terceiro dia".

4) **Valor da oração**. Jesus, falando do valor da oração para Maria, a compara a uma "pedra verde",

uma pedra preciosa que cai do céu e aparece ao nascer do sol. Ela tem a natureza de sua origem e tem valor para toda criatura sujeita à morte. Ela ressuscita os mortos, dará a ressurreição a todos e eles verão o decreto de Deus.

Jesus conversou sobre outras coisas, bem como deu explicações sobre fatos da história de Israel, a morte dos primogênitos do Egito, morte dos filhos de Raquel, salvação, Lot e perdição de sua mulher, libertação do povo por intermédio de Moisés e os ossos de José. Em todos estes eventos Jesus ressalta o seu poder na história. Ele mesmo diz: "Eu sou o terceiro que forma a divindade".

Logo em seguida, o anjo, reconhecido anteriormente por Maria como sendo Jesus, revela-lhe o seu nome. "Ouve, portanto, o meu nome 'Misericordioso'. E ordenou que dissesse também aos apóstolos. E acrescentou: Eles virão para junto de ti, conforme te disse, e também eles irão contigo. Toma, portanto, este livro".

E aquele anjo transformou-se em luz e subiu ao céu. E Maria voltou para a sua casa.

15.5 Maria solicita a presença dos apóstolos e parentes na sua casa

"Quando Maria chegou em sua casa, a mesma tremeu por causa da glória daquele livro que trazia nas mãos. Dirigiu-se ao interior, à parte mais recôndita, e ali colocou o livro, envolvendo-o com um pano"[68].

68. Cf. *Livro do Descanso* 36.

"Depois, pôs-se a orar desta maneira: "Senhor meu Jesus Cristo, que por tua extrema bondade houveste por bem ser gerado por mim, ouve minha voz e envia-me o teu Apóstolo João para que a sua visão me propicie o início da boa sorte. Manda-me também o restante dos teus apóstolos, aqueles que já foram ter contigo e aqueles que ainda se encontram nesta vida, de onde estiveram, para que, ao vê-los novamente, possa eu abençoar teu nome, sempre louvável. Sinto-me animada porque atendes a tua serva em todas as coisas"[69].

Terminada a prece, segundo o *Livro do Descanso* 38–39, Maria saiu e disse a uma serva da casa: "Vai e chama os meus parentes e aqueles que me conhecem e dize-lhes: 'Maria vos chama'. A criada foi chamá-los. Quando chegaram, Maria pediu-lhes: – 'Meus pais e meus irmãos, ajudai-me. Amanhã sairei do meu corpo e irei para o descanso eterno. Levantai-vos e fazei-me um grande favor. Não vos peço nem ouro nem prata. São coisas vãs e impuras. Só uma coisa vos peço: fazei-me esta noite um grande favor. Cada um tome uma lâmpada e não a deixe apagar até o terceiro dia. Antes de deixar este mundo, vos direi todo o amor que vos dedico'".

Todos fizeram o que lhes pediu. A notícia foi transmitida a todos os parentes de Maria e àqueles que a conheciam.

Voltando-se, Maria viu todos em pé. Levantou o rosto e disse-lhes com voz suave: 'Pais e irmãos meus, ajudemo-nos uns aos outros e permaneçamos vigilantes com as lâmpadas acesas. Não sei, meus irmãos, a

69. Cf. *Livro de São João evangelista, o teólogo* 5.

hora em que virá a voz para me chamar. Não sei quando devo partir, nem conheço a seta que está em sua mão. Também a mim, meus irmãos, deram a conhecer quando devo ir".

E os apóstolos foram chegando do lugar onde estavam pregando o evangelho. Eles foram trazidos nas nuvens. João foi o primeiro a chegar.

15.6 Maria se alegra e chora com a presença de João

João, no *Livro de São João evangelista, o teólogo* 6, diz: "E, quando ela estava orando, eu, João, apresentei-me, já que fui arrebatado pelo Espírito Santo que me trouxe de Éfeso sobre uma nuvem, deixando-me depois no lugar onde estava a mãe de meu Senhor. Entrei, então, até onde ela se encontrava e dei graças ao seu Filho; depois disse: 'Salve, ó mãe de meu Senhor, aquela que gerou a Cristo nosso Deus; alegra-te, porque irás sair deste mundo muito gloriosamente'".

Já o *Livro do Descanso* 42–45 conta que "ao amanhecer chegou o Apóstolo João. Bateu à porta de Maria. Uma virgem veio abrir. Ele entrou. Quando o viu, Maria sentiu-se comovida e chorou. Não pôde conter as lágrimas, nem permanecer em silêncio. Disse em voz alta: 'Pai João, recorda-te do que te disse o nosso mestre a meu respeito, no dia em que nos deixou'. Eu lhe perguntei: 'Para onde vais, a quem me confias e para onde devo ir?' E ele, na tua presença e para ouvires, respondeu-me: 'João te guardará'. Portanto, João, não te esqueças do que te ordenou a meu respeito e lembra-te de que te amou mais do que aos outros. Lembra-te de quando te reclinaste sobre seu peito. Lembra-te de tudo isto. Ele falou e não viu ninguém a não ser a mim e a ti. A ti, porque és virgem e assim te pretendes conservar.

João começou a ficar triste porque ela ia partir. Eu lhe disse: Se alguma coisa nos vai acontecer, dize-me, ó João, e não me abandones. Dizendo isto, Maria chorou em voz baixa. João não pôde conter-se. Comoveu-se em sua alma e não entendia o que ela falava. Não lhe dissera que estava para sair do corpo. E exclamou em alta voz: Maria, nossa irmã, tu te tornaste mãe dos doze. Procurei cuidar de ti. Deixei alguém para te servir e te proporcionar o sustento. Pois não querias transgredir o mandato de nosso Senhor, que nos ordenara: 'Ide por todo o mundo, até que desapareça o pecado'. Dize-me, agora o que aflige tua alma. Ela lhe disse: Ó meu pai João, presta-me um favor: guarda o meu corpo, depõe-me no sepulcro e dá-me proteção juntamente com os teus irmãos apóstolos. Ouvi os sumos sacerdotes dizer: 'Se encontrarmos o seu corpo, o atiraremos ao fogo, porque nasceu dela aquele sedutor'. Quando ouviu aquelas palavras 'sairei do meu corpo', João prostrou-se com o rosto em terra e chorou, dizendo: 'Senhor, quem somos nós e que mal praticamos, para nos fazeres ver esta aflição? Ainda não nos esquecemos da primeira e nos sobrevém outra aflição. E por que não saio eu de meu corpo, para que providencieis a minha sepultura'?

Quando Maria ouviu João dizer aquilo entre lágrimas, suplicou-lhe instantaneamente: 'Ó meu pai João, contém um pouco as tuas lágrimas, pois devo entregar-te o que está em minha casa e que me foi dado pelos anjos'. João levantou-se e enxugou as lágrimas. Disse-lhe Maria: 'Vem comigo'. E continuou: 'Dize ao povo que cante salmos, até que termines a leitura'. Enquanto cantavam salmos, João entrou em casa e ela lhe disse: 'Eis a oração que me foi dada pelo anjo, para que tu a entregues aos apóstolos'. Apanhou uma pequena caixa em que estava o livro e disse-lhes: 'Meu pai João, toma este livro em que está o mistério. Nosso mestre, com a idade de cinco anos, nos explicou toda a criação e incluiu a vós, os doze, neste livro'. E ela lhe mostrou tudo o que se referia a seus funerais e o que era necessário para lhe preparar o corpo. Disse-lhe depois: 'Meu pai João, mostrei-te tudo o que possuo. Sei que não tenho nesta grande casa senão minhas vestes fúnebres e duas túnicas. Quando eu sair do corpo, se aparecerem aqui dois pobres, tu darás uma túnica a cada um deles'.

Levou-o, depois, ao lugar onde estava o livro que lhe foi dado pelo anjo e que devia ser entregue aos apóstolos. Disse-lhe: 'Ó meu pai João, levanta-te e toma este livro, para que o leveis à frente de meu féretro. Para isto me foi dado'. João respondeu, dizendo: 'Minha irmã Maria, não posso recebê-lo, se os apóstolos não vierem. Não estando presentes, podem murmurar quando chegarem. Há entre eles um que é maior do que eu, constituído mestre sobre nós. É bom que venham'".

O *Pseudo-Militão de Sardes* 4 fala também que Maria levou João para dentro de casa e mostrou-lhe o vestido com que deveriam sepultá-la e, também, a palma luminosa recebida do anjo, pedindo-lhe que a fizesse levar diante do féretro quando se dirigissem ao sepulcro.

Como vimos, o destaque dado à pessoa de João, na sua relação com Maria, como mãe, filho e pai é muito forte. Ele pode receber o livro, a palma e levá-lo à frente do féretro, pois era virgem e escolhido para guardar Maria, a mãe de Jesus. O fato de ele chegar por primeiro é significativo.

15.7 Maria recebe os outros apóstolos

Após este fato, segundo o *Livro de João evangelista, o teólogo 12–14,* João pôs-se a orar. E o Espírito Santo disse aos apóstolos: "Vinde todos e sobre as nuvens, dos confins da terra, e reuni-vos na santa cidade de Belém para assistir a mãe de Nosso Senhor Jesus Cristo que está em comoção: Pedro, de Roma, Paulo, da Tibéria, Tomé, do centro das Índias, Tiago, de Jerusalém". André, o irmão de Pedro, e Felipe, Lucas e Simão Cananeu, juntamente com Tadeu, os quais já haviam morrido, foram despertados de seus sepulcros pelo Espírito Santo. Este dirigiu-se a eles e disse-lhes: "Não creiais que já chegou a hora da ressurreição. A razão pela qual neste momento surgis de vossas tumbas é que haveis de ir prestar preito à mãe de vosso Salvador e Senhor Jesus Cristo, tributando-lhe uma maravilhosa homenagem; pois chegou a hora de sua saída deste mundo e de sua partida para os céus". Também Marcos, ainda vivo, chegou de Alexandria juntamente com os outros, chegados, como foi dito, de todos os países. Pedro, arrebatado por uma nuvem, esteve no meio do céu e da terra sustentado pelo Espírito Santo, enquanto os demais apóstolos por sua vez também eram arrebatados sobre as nuvens para se encontrarem com Pedro. E assim, desta maneira, como fica dito, todos foram chegando por obra do Espírito Santo.

Quando os apóstolos chegaram, eles "saudaram-se uns aos outros e se maravilharam, dizendo: 'Por que motivo nos reuniu aqui o Senhor?'" Cheios de alegria, terminaram juntos sua oração. Quando disseram "Amém", uniu-se a eles João, que lhes explicou tudo.

Entraram em casa, viram Maria e saudaram-na, dizendo: "Que te abençoe o Senhor, que fez o céu e a terra". Respondeu Maria: "A paz esteja convosco, queridos irmãos. Como chegastes até aqui?" Cada um lhe contou como tinha sido levantado em uma nuvem pelo Espírito do Senhor e como tinha sido ali colocado. Disse-lhes ela: "Deus não me privou de vossa presença. Eu vou percorrer o caminho dos seres humanos e o Senhor vos trouxe aqui para me consolardes nas tribulações que me aguardam. Peço-vos, portanto, que permaneçamos juntos em vigília sem interrupção, até o momento em que o Senhor vier e eu for tirada do corpo"[70].

"Tudo isto foi dito pelos apóstolos à santa mãe de Deus: como e de que maneira haviam feito a viagem. E depois ela estendeu suas mãos aos céus e orou dizendo: 'Adoro, exalto e glorifico teu celebradíssimo nome, pois puseste teus olhos na humildade da tua escrava e fizeste em mim grandes coisas, Tu que és poderoso. E eis aqui que todas as gerações chamar-me-ão bem-aventurada'"[71].

Os apóstolos permaneceram em vigília na casa de Maria. Pedro fez grandes discursos aos presentes, povo e virgens. Maria também chamou a Pedro e todos os apóstolos. Levou-os para o interior da casa e mos-

70. Cf. *Trânsito de Maria do Pseudo-Militão de Sardes* 5–6.

71. Cf. *Livro de São João evangelista, o apóstolo*, 25.

trou-lhes o que era necessário para seus funerais e para o seu sepultamento.

A presença dos apóstolos, nos momentos finais de Maria, mostra como a comunidade percebeu a importância dela na vida dos apóstolos. Como mulher, mãe e apóstola de seu filho, Jesus, Maria foi valorizada no momento de sua morte. Não importa a fantasia do texto que fala de nuvens, que como uma aeronave traz os apóstolos. O valor desta história está em ressaltar o papel de Maria no apostolado. Por outro lado, é bem verdade que nestes textos discute-se o papel de Pedro como chefe dos apóstolos, sendo reconhecido por Maria como tal. É também notório o valor de Paulo como apóstolo. Para estas questões, que omitiremos nesta história de Maria, sugerimos a leitura de nosso livro *Vida secreta dos apóstolos e apóstolas à luz dos Atos Apócrifos*.

15.8 Pela intercessão de Maria muitos milagres ocorrem

Segundo o *Livro de São João evangelista, o teólogo* 26–28, no momento da vinda dos apóstolos, Maria encontrava-se em Belém e não em sua casa, em Jerusalém. Terminada a sua oração de louvor a Deus, que colocou sobre ela o seu olhar e nela fez maravilhas, Maria disse aos apóstolos: "Lançai incenso e orai". E, enquanto eles oravam, produziu-se um trovão no céu e uma voz terrível fez-se ouvir. E nesse instante apareceu um imenso exército de anjos e de divindades e ouviu-se uma voz como a do Filho do Homem. Ao mesmo tempo, os serafins circundaram a casa onde jazia a santa e imaculada virgem mãe de Deus. De tal maneira que tantos quantos estavam em Belém viram todas estas maravilhas e foram a Jerusalém anunciando todos os prodígios acontecidos. E sucedeu que, depois que se ouviu aquela voz, o sol apareceu de repente ao mesmo tempo que a lua, ao redor da casa. E um grupo de primogênitos dos santos apresentou-se na casa onde jazia a mãe do Senhor para sua honra e glória. E vi também que muitos milagres aconteceram; cegos que voltavam a ver, surdos que ouviam, coxos que andavam, leprosos que se tornavam limpos e possuídos por imundos que eram curados. E todo aquele que se sentia acometido por alguma doença tocava pelo lado de fora o muro da casa onde ela jazia e gritava: "Santa Maria, mãe de Cristo, nosso Deus, tem compaixão de nós". E imediatamente sentiam-se curados.

E grandes multidões, vindas de diversos países, que se encontravam em Jerusalém por motivo de oração, ouviam os prodígios que se operavam em Belém através da mãe do Senhor e apresentaram-se naquele lugar suplicando a cura de diversas enfermidades: coisa que obtiveram. E aquele dia produziu uma alegria inenarrável, enquanto a multidão dos curados e dos espectadores davam graças a Cristo nosso Deus e à sua mãe. E Jerusalém inteira, ao voltar de Belém, festejava cantando salmos e hinos.

15.9 Os judeus pedem a expulsão de Maria

E a narrativa[72] continua relatando como os judeus sentiram-se incomodados com a presença de Maria e dos apóstolos.

72. Cf. *Livro de São João evangelista, o teólogo* 29–36.

Os sacerdotes dos judeus, por sua vez, e todo o seu povo, estavam extáticos de admiração pelo ocorrido. Mas, dominados por uma violentíssima paixão, e depois de se terem reunido em Conselho, levados pelo seu raciocínio néscio, decidiram ir contra a Santa mãe de Deus e contra os santos apóstolos que se encontravam em Belém. Mas, tendo a multidão dos judeus se posto a caminho de Belém, aconteceu que à distância de uma milha uma visão terrível apresentou-se para eles. Eles ficaram com os pés como que amarrados. Eles voltaram aos seus conterrâneos e narraram aos príncipes dos sacerdotes tudo sobre a terrível visão.

Mas aqueles, sentindo-se ainda mais irados, foram à presença do governador gritando e dizendo: "A nação judaica veio abaixo por causa dessa mulher; expulsa-a de Belém e da comarca de Jerusalém". Mas o governador, surpreendido pelos milagres, replicou: "Eu, de minha parte, não a expulsarei nem de Jerusalém nem de nenhum outro lugar". Mas os judeus insistiam falando muito e rogando-lhes pela saúde de César Tibério que expulsasse os apóstolos de Belém, dizendo: "E, se assim não fizeres, informamos o imperador a respeito". Então, viu-se constrangido a enviar um comandante de tropas a Belém contra os apóstolos.

Então o Espírito Santo disse aos apóstolos e à mãe do Senhor: "Eis que o governador enviou um comandante de tropas contra vós por causa dos judeus que se amotinaram. Saí, então, de Belém e não temais, porque eu vos transportarei numa nuvem até Jerusalém, e a força do Pai, do Filho e do Espírito Santo está convosco".

Então, os apóstolos levantaram-se e saíram da casa levando a liteira da Senhora, a mãe de Deus, e dirigiram seus passos a caminho de Jerusalém.

Mas de repente, conforme o Espírito Santo havia dito, foram arrebatados por uma nuvem e encontraram-se em Jerusalém na casa da Senhora. Uma vez ali, levantaram-se e cantaram hinos durante cinco dias ininterruptamente.

E quando o comandante chegou a Belém, não encontrando ali nem a mãe do Senhor, nem os apóstolos, deteve os belemitas dizendo-lhes: "Não sois vós aqueles que vieram contar ao governador e aos sacerdotes todos os milagres e prodígios que acabam de acontecer e não lhes dissestes que os apóstolos vieram de todos os países? Então, onde estão? Agora, ponde-os todos imediatamente a caminho de Jerusalém para apresentá-los diante do governador".

O comandante não estava inteirado da retirada dos apóstolos e da mãe do Senhor para Jerusalém. Então, ele prendeu os belemitas e apresentou-se ao governador para dizer-lhe que não havia encontrado ninguém.

Cinco dias depois, chegou ao conhecimento do governador, dos sacerdotes e de toda a cidade que a mãe do Senhor, em companhia dos apóstolos, encontrava-se em sua própria casa em Jerusalém, graças aos prodígios e maravilhas que ali aconteceram. E uma multidão de homens, mulheres e virgens reuniram-se gritando: "Santa Virgem, mãe de Cristo nosso Deus, não te esqueças da raça humana".

Diante destes acontecimentos, tanto o povo judeu quanto os sacerdotes sentiram-se ainda mais joguetes da paixão. E, atirando lenha ao fogo, arremeteram contra a casa onde estava a mãe do Senhor em companhia dos apóstolos, com a intenção de queimá-la. O governador contemplava o espetáculo de longe. Mas, no exato momento em que o povo judeu chegava às portas da casa, eis que, por obra de um anjo, saiu do seu interior uma labareda que abrasou um grande número de judeus. Com isto a cidade inteira ficou assustada e cheia de temor e todos deram graças ao Deus que foi gerado por ela.

E quando o governador viu o que sucedera, dirigiu-se a todo o povo, dizendo aos brados: "Na verdade, Aquele que nasceu da Virgem, Aquele que vós maquinastes perseguir, é filho de Deus, pois estes sinais são próprios do verdadeiro Deus". Desse modo, produziu-se uma cisão entre os judeus, e muitos acreditaram no nome do Nosso Senhor Jesus Cristo graças aos prodígios realizados.

Esta narrativa quer mostrar que Maria, assim como Jesus, foi perseguida pelos judeus e suas lideranças, os quais querem a sua morte. Deus intervém para proteger sua escolhida. E, no fim, ocorre o inesperado, a conversão do governador e de muitos judeus. Um episódio parecido vai suceder quando o seu corpo é levado para o sepultamento.

15.10 O dia em que Maria morreu

Conforme *Trânsito de Maria do Pseudo-Militão de Sardes* 7–8, a morte de Maria aconteceu do seguinte modo: Eles, os apóstolos, "sentaram-se em torno dela, confortando-a, e passaram três dias louvando a Deus. No terceiro dia, ficaram adormecidos, até a terceira hora, todos os que se encontravam na casa, exceto os apóstolos e três virgens que ali estavam. De repente, veio o Senhor Jesus Cristo com grande multidão de anjos. Um grande resplendor cobriu a casa, enquanto os anjos entoaram hinos e cantavam ao Senhor. E disse o Salvador: 'Vem, pérola preciosíssima; entra no recinto da vida eterna'.

Maria prostrou-se em terra, adorou a Deus e disse: 'Bendito seja teu nome glorioso, Senhor meu Deus, que te dignaste escolher tua serva e confiar-lhe o profundo mistério. Lembra-te de mim, Rei da Glória. Sabes que te amei de todo coração e guardei o tesouro que me confiaste. Recebe-me como tua serva e livra-me do poder das trevas, para que não sofra nenhum encontro com satanás, nem veja os espíritos tétricos que me rodeiam'.

Respondeu-lhe o Salvador: 'Quando, enviado pelo Pai para a salvação do mundo, estava eu suspenso na cruz, veio a mim o príncipe das trevas. Não podendo encontrar em mim qualquer sinal das suas obras, afastou-se vencido e humilhado. Quando o vires, tu o verás por força da lei do gênero humano cuja saída é a morte. Não poderá, no entanto, causar-te qualquer dano, porque estou contigo para ajudar-te. Vem tranquila, pois o exército celeste te espera para introduzir-te no Paraíso'.

Enquanto o Senhor dizia isto, Maria levantou-se do chão, deitou-se na cama e, dando graças a Deus, entregou o espírito. Os apóstolos viram que sua alma era tão cândida que nenhuma língua humana podia descrevê-la dignamente. Irradiava tal claridade, que superava a brancura da neve, da prata e de todos os metais".

E Jesus tomou a alma de Maria e a entregou a Miguel. Seu corpo foi envolvido em um lençol, cujo esplendor é impossível ocultar.

Já o *Livro do Descanso* 66 acrescenta "que antes da morte de Maria, Pedro sentou-se à sua cabeceira e João, aos pés. Os outros apóstolos rodearam o leito. Naquele momento, houve um terremoto e espalhou-se um odor suave como o odor do Paraíso. E o sono apoderou-se de todos os que estavam junto de Maria, exceto as virgens. O Senhor permitiu que não dormissem, para que fossem testemunhas da preparação de Maria para a sepultura e para a glória".

Este mesmo livro fala também do diálogo entre Pedro e Jesus na hora da morte/dormição de Maria.

Poética é a narração da morte de Maria em *Passagem da Bem-Aventurada Virgem Maria* 9, onde diz: "Chegando o domingo, e a hora terceira, Cristo desceu acompanhado de uma multidão de anjos, da mesma maneira que havia descido o Espírito Santo sobre os apóstolos numa nuvem, e recebeu a alma de sua querida mãe. E enquanto os anjos entoavam aquela passagem do Cântico dos Cânticos, na qual o Senhor diz: 'Como o lírio entre espinhos, assim minha amiga entre as filhas', sobreveio tal resplendor e um perfume tão suave, que todos os presentes caíram sobre seus rostos (da mesma maneira que os apóstolos caíram quando Cristo transfigurou-se na presença deles em Tabor), e durante hora e meia ninguém foi capaz de levantar-se".

João, no *Livro de São João evangelista, o teólogo*[73], diz que, no momento da sua imaculada alma sair, o lugar viu-se inundado de perfume e de uma luz inefável. E eis que se ouviu uma voz do céu que dizia: "Bendita és

73. Cf. capítulo 45.

tu entre as mulheres". Então Pedro, e também João, e Paulo e Tomé, abraçamos com toda a pressa os seus pés para que fôssemos santificados. E os doze apóstolos, depois de depositar seu santo corpo no ataúde, levaram-no. E Jesus disse a Pedro: "Levanta-te, Pedro. Toma o corpo de Maria e leva-o à direita da cidade, do lado do oriente, ali encontrarás um sepulcro novo em que o depositarás. Espera ali até que eu volte". Ele entregou a alma de Maria a Miguel, o guardião do Paraíso e príncipe do povo judeu. Gabriel o acompanhava. Naquele instante, o Salvador foi acolhido no céu, juntamente com os anjos.

O *Livro do Descanso* 70 acrescenta que, depois que Jesus deu ordens a Pedro para levar o corpo para o sepulcro novo, o corpo gritou no meio do esplendor: "Lembra-te de mim, ó rei da glória, porque sou tua imagem. Lembra-te de mim, porque guardei o grande tesouro que me foi confiado". Jesus disse ao corpo: "Não te abandonarei, margarida nova do meu tesouro. Não, não te deixarei, santuário fechado de Deus. Não, não te abandonarei o verdadeiro penhor. Não, não te deixarei, porque me trouxeste e guardaste. Não, não deixarei o tesouro selado, até o momento em que o procurarei". Ao dizer isto, houve um grande fragor.

Então, três virgens tomaram o corpo da Virgem e levaram-no conforme o costume seguido nos funerais. Ao despojá-lo de suas vestes, o corpo santo resplandeceu com tal claridade que se podia manifestar-lhe respeito, sem poder, contudo, ver sua beleza por causa do brilho extraordinário. Só o resplendor do Senhor o excedia. Enquanto lavavam o corpo puríssimo, nenhum odor desagradável se sentia. Nada havia nele de repugnante. Quando acabaram de amortalhá-lo, aquela luz se obscureceu aos poucos. O corpo de Maria era semelhante a uma flor de lírio e exalava perfume tão suave que não se pode encontrar outro igual.

Como vimos até o momento, na narrativa da morte de Maria aparecem vários elementos. É dito que ela dormiu. Trata-se da Dormição de Maria. O que isto significa? É o que veremos a seguir.

15.11 Uma multidão participa da procissão de enterro de Maria

Tendo o corpo sido preparado, os apóstolos o colocaram no esquife e perguntaram uns aos outros: "Quem levará esta palma diante do féretro?" João disse a Pedro: "Tu, que nos precedes no apostolado, deves levar esta palma à frente do cortejo". Mas Pedro respondeu: "Somente tu entre nós foste escolhido como virgem pelo Senhor e foste tão agraciado que reclinaste tua cabeça em seu peito. Enquanto pendia da cruz para a nossa salvação, Ele, por suas próprias palavras, a entregou a teus cuidados. És tu, portanto, que deves levar esta palma do sepulcro".

Em seguida, Pedro se levantou e disse: "Tomai o corpo". E começou a cantar: "Saiu Israel do Egito. Aleluia!" (Salmo 114). Os outros apóstolos levaram com ele o corpo de Maria e João precedia o féretro com a palma. E todos cantavam suavemente. O Senhor e os anjos caminhavam ao lado do esquife, cantando sem serem vistos.

Aconteceu um novo milagre. Sobre o féretro apareceu uma grande nuvem, semelhante ao nimbo que acompanha o resplendor da lua. Na nuvem estava o exército de anjos que cantava suavemente. Toda a terra ressoava com suavíssimo cântico. Da cidade saiu uma multidão de cerca de 15.000 pessoas que se maravilhavam e diziam: "Que significa este cântico tão suave?" Um dentre eles explicou: "Maria saiu do corpo e os discípulos de Jesus cantam seus louvores". Olharam e viram o féretro coroado de glória extraordinária e os apóstolos que cantavam em alta voz (*Trânsito de Maria do Pseudo-Militão de Sardes* 9–12).

A presença de uma multidão no enterro de Maria ressalta o seu valor e liderança entre o povo. A virgindade de Maria é ressaltada na pessoa de João, que também, por ter mantido a virgindade, poderia levar a palma, ou o livro, conforme Livro do Descanso, ambos tidos como proteção do corpo de Maria.

15.12 Um judeu tenta virar o esquife para derrubar o corpo de Maria

Um fato inusitado ocorreu durante o cortejo fúnebre: o corpo de Maria quase foi agredido por judeus. Todos os apócrifos sobre a morte e assunção de Maria, que estamos analisando, mencionam este fato.

Em síntese, ocorreu o seguinte[74]. Muitas pessoas ouviam a voz e muitos acorriam de suas casas em toda a Jerusalém. Os sumos sacerdotes ouviram o grande rumor da multidão e a voz daqueles que cantavam, mas não eram vistos. Ouviam a voz de muitos. Inúmeras

74. Fizemos uma síntese dos apócrifos da assunção.

pessoas saíam e comoviam-se com a voz que ouviam e diziam entre si: "Que tumulto é esse?" Um deles explicou: "Maria saiu do corpo e os apóstolos cantam a seu lado".

Satanás entrou no coração deles e disseram: "Eia! Vamos matar os apóstolos e queimar o corpo daquela que trouxe aquele sedutor". E eles saíram com espadas e lanças para os matarem.

Mas os anjos, que estavam nas nuvens, mataram muitos deles, fazendo-os bater com as cabeças nas paredes. Não viam os que andavam na rua e assim não puderam sair e narrar o que aconteceu. Os sobreviventes aproximaram-se dos apóstolos e viram o esquife coberto de flores e os apóstolos que cantavam.

Um chefe dos sacerdotes dos judeus, de nome Jefonias (Rúben) e robusto de corpo, cheio de ira, disse à multidão: "'Vede que glória recebe o tabernáculo daquele que nos confundiu!" Aproximando-se, tentou virar o esquife e atirar o corpo por terra. Mas, no mesmo instante, suas mãos ficaram secas desde o cotovelo e permaneceram presas ao caixão. Os apóstolos levantaram o esquife. Uma parte daquele homem ficou pendente e a outra presa ao esquife. Outra tradição diz que um Anjo do Senhor, com força invisível e servindo-se de uma espada de fogo, separou as duas mãos dos seus respectivos braços e deixou-as penduradas no ar ao longo do féretro.

Enquanto os apóstolos caminhavam salmodiando, ele se retorcia de dor. Os anjos que estavam na nuvem feriram de cegueira o povo.

Então aquele chefe gritou: "São Pedro, peço-te que não me desprezes agora que estou necessitado e sofro este horrível tormento. Lembra-te de que, quando aquela criada te reconheceu no Pretório, fui eu quem falou em tua defesa". "Nada posso fazer por ti", respondeu Pedro. Mas se, de todo o coração, creres no poder de Jesus Cristo, a quem esta trouxe em seu seio, permanecendo virgem depois do parto, a clemência do Senhor, que salva os indignos, te dará sua salvação. A isto ele respondeu: "Por acaso não cremos? Que devemos, então, fazer?" O inimigo do gênero humano cegou nossos corações e a confusão cobriu nossos rostos para não confessarmos a grandeza de Deus. Isto aconteceu, sobretudo, porque maldissemos contra o Cristo, dizendo: "Caia seu sangue sobre nós e sobre nossos filhos".

Pedro respondeu: "Esta maldição causará dano a quem permanecer infiel, mas a quem se converter não será negada a misericórdia". Disse ele: "Creio tudo o que me dizes. Tem compaixão de mim para que eu não morra". Pedro fez, então, parar o cortejo e lhe disse: "Se crês de todo o coração no Senhor Jesus Cristo, tuas mãos se despregarão do esquife". Na mesma hora, suas mãos desprenderam do esquife e ele começou a firmar-se em seus pés. Seus braços, porém, continuavam secos e não terminava seu suplício. Disse-lhe Pedro: "Aproxima-te do corpo, beija o esquife e repete: Creio em Deus e no Filho de Deus, Jesus Cristo, que esta trouxe em seu seio; e creio tudo o que me disse Pedro, o apóstolo de Deus". Aproximando-se, beijou o esquife e, no mesmo instante, cessou a dor e suas mãos ficaram curadas. Ele começou a bendizer vivamente a Deus e glorificar a Cristo com testemunhos tomados

dos livros de Moisés, de tal modo que os apóstolos se admiravam e choravam de alegria, bendizendo o nome do Senhor.

Disse-lhe Pedro: "Toma esta palma da mão de nosso irmão João. Quando entrares na cidade, encontrarás muita gente cega. Anuncia-lhes as grandezas de Deus. Aos que crerem no Senhor Jesus, impõe-lhes a palma (livro) sobre os olhos e enxergarão. Os que não crerem continuarão cegos".

Ele fez assim e encontrou grande multidão de cegos que se lamentavam: "Ai de nós que fomos igualados aos habitantes de Sodoma e castigados com a cegueira. Só nos resta morrer". Mas, ao ouvirem as palavras do chefe dos sacerdotes que fora curado, creram no Senhor Jesus e, quando lhes foi imposta a palma sobre os olhos, recuperaram a vista. Os que, porém, permaneceram na dureza de seu coração, estes morreram.

O chefe dos sacerdotes voltou para junto dos apóstolos e devolveu-lhes a palma, narrando-lhes tudo o que acontecera. O sumo sacerdote dos hebreus também bendisse a Maria, em sua língua, por três horas, e não permitiu que ninguém se aproximasse, enquanto dava testemunho com muitas citações dos livros de Moisés. Mostrou as que se realizaram no Senhor que nasceu na glória.

Quando os apóstolos ouviram as grandezas que ele disse de Maria, reconheceram que jamais tinham ouvido coisa semelhante. E o sumo sacerdote foi imediatamente batizado naquele lugar e continuou a pregar em nome de Nosso Senhor Jesus Cristo. Jefonias acreditara, naquele momento, que Cristo-Deus fora gerado por Maria.

Claro que a intenção teológica desta narrativa tem como objetivo mostrar que o povo judeu se converteu ao cristianismo por intermédio de Maria. Do ponto de vista do diálogo inter-religioso o fato não é nada positivo. No entanto, ele revela o carinho dos primeiros cristãos para com Maria.

15.13 A Assunção de Maria

Depois destes fatos, "os apóstolos levaram o féretro e depositaram o seu santo e venerado corpo no Getsêmani, num sepulcro novo. E eis que daquele santo sepulcro de Nossa Senhora, a mãe de Deus, desprendia um delicado perfume. E durante três dias consecutivos ouviram-se vozes de anjos invisíveis que davam graças a seu Filho, Cristo nosso Deus"[75].

Os apóstolos permaneceram no sepulcro durante três dias. Eles choravam, cantavam, discutiam questões do apostolado, mas sobretudo Paulo poderia ter a revelação do glorioso mistério para, assim, exercer o apostolado, visto que ele era um recém-convertido. Paulo, Pedro, André, João conversaram muito. Cada um respeitava Paulo, mas não concordava com a revelação do mistério para ele. Tomé não estava presente.

No quarto dia, estando os apóstolos sentados do lado de fora do sepulcro, que estava fechado, "o Senhor se apresentou cheio de esplendor e rodeado de muitos anjos. Disse aos apóstolos: 'A paz esteja convosco'. Responderam: 'Venha sobre nós tua misericór-

75. Cf. *Livro de São João evangelista, o teólogo* 48.

dia, Senhor, conforme esperamos. Prosseguiu o Salvador: 'Antes de subir ao pai, eu prometi a vós que me seguistes que, na época da regeneração, quando o Filho do Homem estivesse sentado no trono de sua glória, também vós vos sentaríeis em doze tronos para julgar as tribos de Israel. Por ordem de meu Pai, escolhi esta dentre todas as mulheres das tribos de Israel para nela habitar. Que quereis que lhe faça?'

Pedro e os outros apóstolos responderam: 'Senhor, Tu escolhestes a esta tua serva para ser teu berço imaculado e a nós para servos em teu ministério. Antes dos séculos, tudo, juntamente com o pai que, contigo e com o Espírito Santo, é uma igual divindade e infinito poder. Se, portanto, fosse possível à graça de teu poder, a nós teus servos pareceria justo que ressuscitasses o corpo de tua mãe e o conduzisses contigo ao céu, do mesmo modo que Tu, vencida a morte, reinas na glória. Faça-se segundo vosso parecer, respondeu o Salvador. E ordenou ao Arcanjo Miguel que trouxesse a alma da Santa Maria. O Arcanjo Miguel fez girar a pedra da porta do sepulcro. Disse o Senhor: 'Sai, minha amiga! Tu que não aceitaste a corrupção do relacionamento carnal não sofrerás a dissolução do corpo no sepulcro'.

E, naquele momento, Ele ressuscitou Maria do sepulcro. Ela bendizia ao Senhor e, atirando-se aos pés do Senhor, o adorou, dizendo: 'Senhor, não posso render-te graças dignamente pelos imensos benefícios que te dignaste conceder a mim, tua serva. Que teu nome, Redentor do mundo, Deus de Israel, seja bendito para sempre'. O Senhor a beijou e retirou-se, entregando sua alma aos anjos para que a levassem ao Paraíso. E Jesus disse aos apóstolos: 'Aproximai-vos de mim'. Quando se aproximaram, beijou-os e disse-lhes: 'A paz esteja convosco. Do mesmo modo como estive sempre convosco, assim continuarei até o fim do mundo'. Dizendo isto, elevou-se em uma nuvem e entrou no céu. E com os anjos levaram Maria ao Paraíso de Deus" (*Trânsito de Maria do Pseudo-Militão de Sardes* 16). Eles caíram prostrados, enquanto o santo cadáver era levado aos céus pelas mãos dos anjos.

Ainda sobre a Assunção de Maria, temos *Passagem da Bem-Aventurada Virgem Maria* 14–19, que relata que Tomé não estava presente quando Maria morreu. No mesmo instante que Maria era assunta aos céus, ele foi levado por uma nuvem da Índia ao Monte das Oliveiras. Ele vê o corpo sendo levado aos céus e grita a Maria. A faixa que a envolvia cai em suas mãos e ele dá graças a Deus. Ele segue em direção ao túmulo onde o corpo havia sido colocado. Os apóstolos se alegraram. Tomé perguntou pelo corpo de Maria. Os apóstolos apontaram com o dedo para o local. Tomé discordou, dizendo que ali não estava o corpo e que ele havia presenciado a sua assunção. Os apóstolos abriram o túmulo e acreditaram na fala dele. Ele lhes mostrou a faixa. Os apóstolos louvaram a Tomé pela graça que ele recebeu. E Tomé os abençoou dizendo: "Sintais que bom e agradável é o fato de os irmãos poderem viver unidos entre si".

15.14 Os apóstolos também foram levados com Maria

O apócrifo *Livro do Descanso* 88–131 conta que Jesus, dirigindo-se a Paulo, disse-lhe: "Não te entristeças, porque os apóstolos não te revelaram o mistério da glória. A quem ensinarei e a quem foi revelada a doutrina que ensinarei no céu?"

Então nosso Senhor fez um sinal a Miguel. Miguel falou com a voz dos anjos fiéis e estes desceram em três nuvens. O número deles sobre a nuvem devia ser de dez mil anjos, diante do Salvador. E nosso Senhor ordenou que levassem para as nuvens o corpo de Maria. Depois que o corpo foi levado, nosso Senhor ordenou aos apóstolos que fossem para junto dele. Subiram à nuvem e cantaram com voz angélica.

O Senhor deu ordem à nuvem para que se voltasse para o lado do oriente, na direção do Paraíso. Quando chegaram todos no Paraíso, depuseram o corpo de Maria junto à árvore da vida. Tomaram sua alma e a colocaram sobre seu corpo. Em seguida, nosso Senhor mandou os anjos de volta a seu lugar.

Os apóstolos e Maria, na presença de Jesus, visitaram também a Morada dos Mortos. Os apóstolos e Maria caíram abalados pela dolorosa situação daqueles que se achavam entre os tormentos. Caíram com o rosto em terra. O Senhor os levantou, dizendo: "Levantai-vos, meus apóstolos, meus discípulos. Digo-vos que isto não podeis suportar. Se não podeis suportar esta visão, como poderíeis suportar, se vos introduzisse nos lugares interiores, onde ninguém é conhecido? Que vos aconteceria, então?"

O Salvador olhou para Miguel e se afastou deles, deixando que Maria e os apóstolos pudessem conhecer os atormentados. Estes clamaram e disseram: "Maria, te suplicamos, ó Maria, luz e mãe das luzes, Maria, vida e mãe dos apóstolos, ó Maria, lâmpada de ouro, que trazes toda lâmpada verdadeira, Maria, senhora nossa e mãe de nosso Senhor, Maria, nossa rainha, suplica a teu filho que nos permita ter um pouco de descanso".

Outros ainda assim disseram: "Pedro, André e João, que vos tornastes apóstolos, intercedei por nós". Eles conheciam cada um dos apóstolos, pois eles os tinham constituído como sacerdotes em diversas regiões. Disseram-lhes os apóstolos: "Onde pusestes a nossa doutrina, que vos ensinamos? Não vos lembreis dos dias em que Cristo, Deus e Senhor de todas as coisas, vos apareceu e vos constituiu em vossos ofícios? Nós tememos todos os seus preceitos". Ficaram muito confusos e não puderam responder aos apóstolos. Então o Salvador se ergueu e veio ao lugar dos tormentos.

O Salvador fez, então, aos anjos do poder um sinal com os olhos e a terra se abriu. Aconteceu que, como por acaso, os apóstolos chegaram ao Paraíso e sentaram-se junto à árvore da vida. Ali estavam a alma de Abraão, a alma de Isaac e a alma de Jacó e de muitos outros. Quando ressurgiu dos mortos, o Salvador os tinha levado para lá e ali os tinha posto como pessoas vivas. Estava lá Davi, tocando a lira. E Elisabete estava junto com eles. Mas era outro o lugar das mulheres. Lá estavam os magos que vieram ver o Senhor, e os meninos mortos por causa do Salvador.

Disse-lhes o Senhor: "Não vos maravilheis disto. Se vos prepparardes, encontrareis, na terra da herança, coisas melhores do que estas". Digo-vos de novo: "Permanecei com Maria e com todos os que estão aqui, até que eu faça Paulo subir e lhe mostre todas as coisas, conforme lhe prometi".

O Senhor subiu a uma nuvem e chamou Paulo para ficar a seu lado. Fê-lo subir na nuvem com ele. O diabo, no alto, gritou: "Jesus filho do Senhor, que vieste ao mundo, pregaste diante de Jerusalém e deste ordem aos apóstolos para que pregassem em toda a terra, como podes fazer subir contigo, para contemplar tuas maravilhas, este que se chama Paulo, antes de ele ter combatido comigo e de me ter vencido?" O Senhor nosso disse, então, a Paulo: "Meu irmão Paulo, prepara-te para a luta, de modo que nada se encontre superior a ti". Paulo respondeu: "Não o conheço, mas sei que combaterei com ele". Disse-lhe nosso Senhor: "Mandarei Pedro contigo e ele te ensinará como lutar".

Nosso Senhor desceu ao Paraíso, onde se encontravam os apóstolos, e disse a Pedro: "Eia, vai com Paulo e ensina-o a lutar com o inimigo que quer lutar com ele".

15.15 Maria recebe um trono no céu

Pedro e Paulo voltaram a pregar em Roma e em outros lugares. Depois eles foram novamente levados ao sétimo céu, onde estavam os outros apóstolos. E eles viram nosso Senhor Jesus Cristo e Maria sentada à direita do Senhor. Maria via todos os sinais (chagas) que estavam em seu lado e em suas mãos, os sinais que recebera naqueles dias em que estivemos com Ele.

O Senhor nosso voltou-se para um serafim de duas asas e fez-lhe um sinal. O serafim deixou duas palavras que ninguém pôde compreender. Veio numerosa multidão de anjos com um trono puro e adornado. Sua glória era indescritível. Miríades de anjos o circundavam, cada um em seu trono.

Disseram aos apóstolos: "Ide a terra e anunciarei tudo o que vistes". Trouxeram outro trono para Maria. Estavam em redor dela dez mil anjos e três virgens. Ela sentou-se e foi para o Paraíso.

Miguel fez descer os apóstolos para que ficassem na terra. Eles foram levados até o Monte das Oliveiras. Depois disto, os apóstolos foram reconduzidos pelas nuvens, cada um ao lugar que lhe coubera por sorte para nele pregar. E narraram as grandezas de Deus e louvaram ao Senhor nosso Jesus Cristo, que vive e reina com o Pai e o Espírito Santo, em perfeita unidade e única substância divina, pelos séculos dos séculos. Amém[76].

Roguemos insistentemente àquela cuja assunção é hoje venerada e honrada por todo o mundo, que se lembre de nós nos céus diante de seu piedosíssimo Filho. A quem são devidos louvores e glória pelos séculos dos séculos. Amém[77].

76. Cf. *Trânsito de Maria do Pseudo-Militão de Sardes* 18.

77. Cf. *Passagem da Bem-Aventurada Virgem Maria* 21.

16

A devoção a Maria nos apócrifos e sua atualidade

Após o longo percurso que fizemos para compreender a história de Maria nos apócrifos, vejamos o reflexo desta fé mariana apócrifa – preciosa e exultante –, e a sua relação com os nossos dias.

Falar de Maria como modelo de fé é o mesmo que voltar à tradição, ao culto prestado a ela, aos dogmas que a Igreja Católica instituiu para preservar e celebrar a sua memória.

16.1 Maria e os dogmas de fé

Os apócrifos sobre Maria falam de fatos de sua vida que se tornaram dogmas de fé. O que é um dogma? Dogma é um ponto ou princípio de fé definido pela Igreja Católica. É, sobretudo, a expressão de fé das comunidades cristãs até o século V, mas foi instituído em séculos posteriores, assim como o dogma da Imaculada Conceição, em 1854.

As comunidades, após discussão de certos temas de fé, não encontrando argumentos suficientes na Bíblia, recebem das instâncias superiores da Igreja Católica um certo tipo de lei ou consenso como a fé que deve ser vivido e celebrado.

Desde a Idade Média e ainda em nossos dias é complicado falar de dogma, pois ele pode impedir o diálogo com outras igrejas, fechar em si mesmo, ser sinal de autoritarismo religioso etc.

Os dogmas sobre Maria: Mãe de Deus, Virgindade, Imaculada Conceição e Assunção são todos controvertidos. Conhecemos e respeitamos a opinião diferente de nossos irmãos evangélicos em relação a Maria. E ainda nos perguntamos: Será que a nossa fé em Maria depende destes dogmas? Qual é o contexto destes dogmas? Em que eles nos ajudam? Qual a relação deles com os evangelhos apócrifos?

Repensar os dogmas hoje significa reafirmar o valor da Bíblia como Palavra de Deus na palavra de homens e mulheres, na experiência de um povo que entendeu e viveu Deus, em Jesus, em Maria, na comunidade de fé. Neste sentido, os evangelhos apócrifos sobre Maria e tantos outros temas, purificados de seus exageros, podem e devem nos ajudar a retomar a experiência de fé.

16.2 Dormição e Assunção de Maria: antecipação do dom que vamos receber de Deus

Como vimos nas narrativas apócrifas, a morte de Maria é descrita como sendo um grande sono. Depois de despertada, ela recebe novamente a alma em seu corpo. Para que isso fosse possível, ela foi assunta, levada por Jesus ao céu.

O substantivo dormição de Maria, que não se encontra nos dicionários, nasce da fé que Maria não morreu, mas dormiu. E por ter sido levada ao céu, assunta, nasce a terminologia Assunção, ou também de Trânsito de Nossa Senhora.

A Festa da Dormição de Maria começou a ser celebrada liturgicamente na Igreja do Oriente no século VI, isto é, entre os anos 600 e 700, propriamente no dia 15 de agosto, a mando do Imperador Maurício. Em Roma, a festa chegou no século VII. Mas foi somente no século VIII, na França e Inglaterra, que esta mesma festa recebeu o nome de Assunção de Maria. Desta data em diante, passamos a usar o termo Assunção de Maria, mas os dois termos são correlatos.

O dogma da Assunção de Maria, diferentemente da maioria dos dogmas da Igreja Católica, foi proclamado recentemente, em 1950, pelo Papa Pio XII, com a bula *Munificentissimus Deus.* O texto diz o seguinte: "Definimos ser dogma divinamente revelado: que a Imaculada Mãe de Deus, sempre Virgem Maria, cumprindo o curso de sua vida terrena, foi assunta em corpo e alma à glória celestial".

Baseando-se numa longa tradição de devoção a Maria, presente nos textos bíblicos canônicos e nos evangelhos apócrifos, a Igreja reconheceu em forma de dogma que Maria foi assunta ao céu em corpo e alma.

Mesmo que isto não esteja dito expressamente no dogma, a Assunção de Maria é o mais apócrifo dos dogmas. E ainda há de se considerar que no dogma da Assunção está o triunfalismo da Igreja Católica, que se apoia em Maria para falar de sua glória, de seu poder centralizado.

O que significa para a nossa fé acreditar que Maria foi assunta ao céu de corpo e alma? Como vimos, quando Jesus chega para levar Maria, os anjos tomam a sua alma e depois Jesus ressuscita o seu corpo. Quando o corpo chega no céu, Jesus coloca a alma novamente no seu corpo glorioso. Por isso, Maria pôde ver as chagas no corpo de Jesus, porque ambos estavam ressuscitados. "Maria não precisou esperar o fim dos tempos para receber um corpo glorificado. Depois de sua vida terrena, ela já está junto de Deus com o corpo transformado, cheio de graça e de luz. Deus antecipou nela o que vai dar a todas as pessoas de Bem, no final dos tempos"[78].

Maria, por ter vivido a experiência amorosa de ser a mãe de Jesus, Deus que se fez carne no meio de nós, foi agraciada por Jesus como sendo a primeira pessoa, depois dele, a receber a glória da ressurreição. Nisto tudo está o amor maternal e filial de Deus Pai e Mãe de todos nós. Em Maria e com Maria vivemos a esperança de também nós chegarmos lá. Ela foi, mas não partiu, pois continua próxima de nós. Ela é a nossa origem, é nossa mãe na fé, à qual queremos voltar sempre. Ela é desejo! Ela é mãe! Por isso, a queremos sempre. Caminhar com ela, na fé, é acreditar que também seremos assuntos ao céu. Antes, porém, devemos transformar nossa realidade de sofrimento, angústia, dores, exploração social etc. em situações de vida, glória. A assunção já começa aqui. Assim foi com Maria, por isso ela recebeu, de seu filho, a glória final da assunção.

78. Cf. MURAD, Afonso. *Maria, toda de Deus e tão humana*. Teologia Sistemática, 8.2. São Paulo: Paulinas/Siquém, 2004, p. 130.

16.3 O dogma da Virgindade de Maria e a questão de gênero

Discutir a questão da virgindade de Maria na concepção e nascimento de Jesus, bem como na virgindade perpétua, durante o casamento com José, não é nada fácil[79].

Como vimos, os apócrifos reforçam a opinião que Maria era virgem. A Igreja Católica utilizou-se do modo de pensar entre os cristãos dos primeiros séculos para elaborar o Dogma de fé da Virgindade de Maria. Foi no II Concílio de Constantinopla, no ano de 553, que os cristãos receberam a orientação da Igreja para acreditarem na Virgindade de Maria. E assim ficou estabelecido: "O Filho [...] desceu do céu e encarnou-se da (na) Santa, altamente celebrada, Mãe de Deus e sempre Virgem Maria".

Compreender a virgindade de Maria como algo real, concreto, em tempos atuais é questionável. Maria – apresentada como virgem – cria uma imagem de mulher inacessível para todas as mulheres. O fato em si parece dizer: o sexo e prazer são pecados, são impurezas que devem ser negadas.

O corpo de Maria não foi tocado por um homem. Ele não teve relação sexual ao conceber Jesus. A virgindade está ligada à santidade. Ser santo é ser virgem, puro e separado. Como vimos, isto fica claro nos apócrifos. Maria fez opção de viver o celibato. Maria vive separada no Templo de Jerusalém.

79. Para um estudo da virgindade de Maria cf. MURAD, Afonso. *Maria, toda de Deus e tão humana*. São Paulo: Paulinas/Siquém, 2004, p. 111-117.

Na perspectiva da leitura de gênero, relação de poder entre homem e mulher, dizer que Maria é mãe virgem é o mesmo que lhe negar a autoridade em relação ao homem. Bom, assim ocorria em tempos antigos.

Uma pergunta permanece: A relação marital entre José e Maria seria, de fato, um empecilho para a nossa fé em Deus e a devoção a Maria? Além disso, qual é o real significado da devoção a Maria Virgem?

A concepção de Maria resulta no nascimento de Jesus, humanidade de Deus no meio de nós. E é curioso, no entanto, como textos apócrifos que desmerecem a corporeidade e negam o nascimento normal de Jesus tenham sido usados para legitimar a fé na virgindade de Maria. Sendo estes textos falsos, eles não deveriam ser utilizados na afirmação da fé. Assim, constatamos que muitos dados de nossa fé são apócrifos. Incrível, quando ajudam, os apócrifos são válidos!!!

Compreender a virgindade de Maria só tem sentido se for simbólica, assim como os textos de Gênesis 1–11. Adão e Eva não existiram. Adão e Eva somos todos nós quando rompemos a aliança com Deus.

A virgindade de Maria está para além dela mesma. Em Maria, no nascimento de Jesus, a humanidade retorna a Deus, mesmo quando continuamos impuros e fora do caminho. O desejo de cada ser humano é ser íntegro. Sendo isto tão difícil, em relação à concepção e o nascimento virginal de Maria, resta-nos o simbólico e o utópico, a fragilidade da vida e a sedução de Deus, o irreal tornar-se real. Em Deus tudo é possível. A virgindade não é carnal, mas existencial. Assim compreendo a virgindade de Maria. Para a fé, mesmo que Maria não tivesse sido virgem antes, durante e depois do parto, ela deveria sê-lo, porque ela é modelo.

No entanto, toda vez que os cristãos anularam corpos sexuados de homens e mulheres em favor do poder de um sobre o outro, a virgindade de Maria perdeu o seu sentido. Consagração do corpo é válida e somente tem sentido se for realizada de modo íntegro. Se isto não é possível, como dizia São Paulo, é melhor que se case.

Ao defender a virgindade de Maria, a comunidade dos apócrifos teve intenção mais apologética que histórica. Viver virgem era um sinal que o corpo não tinha valor. Esse desprezo pelo corpo e seus prazeres não teve um desfecho feliz na história da humanidade cristã. Os primeiros cristãos receberam influência do pensamento dualista que pregava a separação entre alma e corpo, trevas e luz, vida e morte, Deus e mundo. Assim, tudo o que se dizia pertencer ao mundo era desprezado, pois o mundo era considerado uma armadilha dos poderes do mal. Deus está longe do mundo e não tem muita influência sobre a vida espiritual das pessoas. A cada ser humano restava o desafio de tornar-se um espiritual de verdade, abstendo-se da vida sexual ou cair na desgraça total, nos prazeres do corpo. A alma morava no céu e caiu no corpo, um dia ela teria que retornar ao Paraíso. Quando a alma conquista o conhecimento, ela inicia o processo de viagem ao céu. Essa era uma viagem perigosa, pois no trajeto entre a terra e o céu vivem os anjos decaídos, os anjos maus, prontos para tomar a alma. A alma, então, tinha de ser sábia para enfrentá-los. A sua única arma seria a pureza virginal que lhe garantiria a natureza divina. Os evangelhos apócrifos do Trânsito e Descanso de Maria revelam que Maria teve medo de encontrar com satanás, quando saísse do seu corpo, por isso ela pediu a proteção dos apóstolos na custódia do seu corpo.

16.4 O antissemitismo nos apócrifos sobre Maria

O antissemitismo, isto é, a presença de ideias contrárias ao judaísmo, mostrando que eles são culpados por não terem aceitado Jesus como Messias e, por isso, o mataram, aparecem nos apócrifos sobre Maria. Vimos o caso do chefe dos sacerdotes que quis derrubar o corpo de Maria, e de outros judeus que queriam queimá-lo. Vimos também a conversão de judeus ao cristianismo, chegando a professar a fé em Jesus.

Maria e os apóstolos, quase todos, eram judeus. Estes textos devem ser compreendidos dentro de seu tempo. Muitos deles, datados no século V-VIII, são reflexos de uma época em que a perseguição ao judaísmo é forte. E até Pilatos, representando o Império Romano, é visto como um santo convertido. Estes textos são frutos de uma época. No caso de Pilatos, política de boa vizinhança com os romanos.

Hoje, ao estudar estes textos, não queremos valorizar o antissemitismo aí presente. Ao contrário, somos defensores de um diálogo inter-religioso que, resguardando as nossas diferenças, aponta-nos para um único caminho, o de Deus que nos liberta.

16.5 Maria e a história de Israel

A história de Maria em alguns textos apócrifos é ressaltada como parte intrínseca da história de Israel. O seu nascimento parece já previsto por Deus, com o objetivo de receber no seu seio o Filho de Deus, o Messias de Israel.

Os seus pais, Joaquim e Ana, descendentes de Davi, cuidam dela com carinho especial. Ela é considerada santa desde os primeiros meses de vida. A sua consagração, vivida no Templo de Jerusalém, sendo aí cuidada por anjos e observada por sacerdotes, tem como objetivo buscar a legitimação sacerdotal e divina de sua escolha. Maria parece nem se dar conta desses fatos em sua vida, como vimos em *Natividade de Maria*, mas isso não importa. O que vale é que ela foi escolhida por Deus para ser a mãe de Jesus.

Maria casou-se com José, conforme previa os costumes e a lei judaica. Como tantas mulheres estéreis em Israel, Ana, a mãe de Maria, era uma delas. Deus, no entanto, vem em seu auxílio. E Ana gerou uma menina que marcou a história de Israel. Ninguém esqueceu o seu nome. Ana, a judia fervorosa que seguia a Deus. Maria, a mãe não menos santa, nem estéril, mas que gerou e manteve a virgindade. Apesar da virgindade, Maria não era estéril, o que fundamenta a teologia mariana dos primeiros cristãos, isto é, em Maria a promessa de Deus se realizou, porque havia entre eles alguém preparado para essa tarefa.

Para o judaísmo, Raquel é a mãe por excelência. O governo de Israel preserva, com guardas, o túmulo de Raquel, no caminho entre Jerusalém e Belém. Para o cristianismo, Maria cumpre o papel de Raquel.

16.6 Maria no islamismo

Os muçulmanos têm grande respeito e admiração por Maria. Eles a consideram a mulher mais perfeita que Deus criou. O livro sagrado do islamismo, o Alcorão, dedica um capítulo a Maria, chamada de Mariam.

A veneração a Maria tem o seu fundamento na sua consagração ao Templo, oferta feita antes mesmo do seu nascimento, e na sua descendência. Segundo esta religião, Maria era filha do Profeta Imram. No Templo, ela recebe o anúncio, feito por um anjo, do nascimento de Jesus. Durante a gravidez, ela se retirou. Ela sofreu o parto, sozinha, mas recebeu a ajuda de Deus, que lhe ofereceu água, deu forças para colher frutos de uma palmeira. Após o parto, ela voltou para a sua comunidade e foi recebida com a alegria e a certeza de que ela havia "trazido algo extraordinário". Outro detalhe importante para o islamismo é que Maria não se casou. Ela dedicou toda a sua vida a Deus. Após a sua morte, ela foi arrebatada ao céu de corpo e alma.

Assim como o cristianismo, a fé islâmica em Maria levou em consideração os evangelhos apócrifos.

16.7 Devoção mariana nos apócrifos

Muitas tradições religiosas em relação a Maria, guardadas na memória popular e em dogmas de fé, têm suas origens nos apócrifos, assim como: a palma e o véu de nossa Senhora; as roupas que ela confeccionou para usar no dia de sua morte; sua assunção ao céu; a consagração a Maria e de Maria; os títulos que Maria recebeu na ladainha dedicada a ela; os nomes de seu pai e de sua mãe; a visita que ela e Jesus receberam dos magos; o parto em uma manjedoura, etc. A nossa devoção mariana é mais apócrifa que canônica.

16.8 Maria, mãe e apóstola de seu filho

Como vimos, Maria exerce um papel importante de liderança entre os primeiros cristãos e apóstolos. Ela os enviou em missão. Todos presenciaram a sua morte e assunção. Ela não era qualquer mulher. Era, por assim dizer, a Senhora dos apóstolos. Jesus mesmo a encarregou de anunciar aos apóstolos a sua ressurreição.

No Templo de Jerusalém Maria despertava a admiração dos homens sacerdotes. Quiseram arrumar um casamento para ela com um filho de um sacerdote, mas ela mesma rejeita a proposta.

Maria, a "Força", Mãe das luzes, era discípula e apóstola de seu filho. Viu e conversou com Jesus ressuscitado. Mesmo que Pedro tenha o seu papel de líder, ressaltado até mesmo por Maria, ela não foi somente a intercessora, como quiseram os canônicos, mas discípula e apóstola de seu filho, Jesus, a quem ela amou com amor de mãe e sofreu sem perder a fé.

As mulheres não tinham o direito de estudar a Torá, mas Maria desafiou esse costume, porque era liderança. Nos apócrifos, Maria não deixou de ser mulher para ser a mãe de Jesus.

Maria viveu tudo isso, por isso é modelo de mãe-educadora de um Filho, que era Deus. Dele, ela se tornou apóstola. Todos nós, em Maria, somos chamados a viver a ternura de Deus Mãe e sermos apóstolos de Jesus.

Bibliografia para o estudo dos apócrifos

FARIA, Jacir de Freitas. *El otro Pedro y la otra Magdalena según los apócrifos* – Una lectura de gênero. Estella (Navarra): Verbo Divino, 2005.

______. *O outro Pedro e a outra Madalena segundo os apócrifos* – Uma leitura de gênero. 3. ed. Petrópolis: Vozes, 2005 [Série Comentário aos Apócrifos].

______. *Vida secreta dos apóstolos e apóstolas à luz dos Atos Apócrifos*. Petrópolis: Vozes, 2005 [Série Comentário aos Apócrifos].

______. *As origens apócrifas do cristianismo* – Comentário aos evangelhos de Maria Madalena e Tomé. 2. ed. São Paulo: Paulinas, 2004.

MORALDI, Luigi. Evangelho de Gamaliel e Evangelho de Bartolomeu. In: *Evangelhos apócrifos*. São Paulo: Paulus, 1999, p. 337-389.

OTERO, Aurélio de Santos. *Los evangelhos apócrifos*: Evangelho armênio da Infância. Madri: BAC, 1991.

PAGELS, Elaine. *Os evangelhos gnósticos*. São Paulo: Cultrix.

PIÑERO, Antonio; TORRENTES, José Montserrat & BAZÁN, Francisco Garcia. *Textos gnósticos*: Apocalipsis y otros escritos. Biblioteca de Nag-Hammadi, III. Madri: Trotta, 2000.

______. *Textos gnósticos*: Evangelios, Hechos, Cartas. Biblioteca de Nag-Hammadi, II. Madri: Trotta, 1999.

RAMOS, Lincoln. *Morte e assunção de Maria*: Trânsito de Maria e Livro do Descanso. Petrópolis: Vozes, 2002.

_____. *História do nascimento de Maria*: Proto-Evangelho de Tiago. Petrópolis: Vozes, 1998.

_____. *São José e o menino Jesus* – História de José o carpinteiro e Evangelho do Pseudo-Tomé. Petrópolis: Vozes, 1990.

_____. *Fragmentos dos evangelhos apócrifos*. Petrópolis: Vozes, 1989.

SANTIAGO, Martin. *Evangelho secreto da Virgem Maria*. São Paulo: Paulus/Mercuryo, 2004.

TARDIEU, Michel. *Écrits gnostiques*: codex de Berlin. Paris: Cerf, 1984.

TILLESSE, Caetano Minette. "Extracanônicos do Novo Testamento: Evangelho do Pseudo-Mateus". *Revista Bíblica Brasileira*, 2004, p. 187-210. Fortaleza: Nova Jerusalém.

_____. "Extracanônicos do Novo Testamento: Assunção de Maria". *Revista Bíblica Brasileira*, 2004, p. 211-226. Fortaleza: Nova Jerusalém.

TRICCA, Maria Helena de Oliveira. Apócrifos – Evangelho de Bartolomeu. In: *Os proscritos da Bíblia*, IV. São Paulo: Mercuryo, p. 277-302.

_____. Livro de São João evangelista, o teólogo, sobre a passagem da Santa Mãe de Deus. In: *Proscritos da Bíblia*, II. São Paulo: Mercuryo, p. 307-324.

_____. Passagem da bem-aventurada Virgem Maria. In: *Proscritos da Bíblia*, II. São Paulo: Mercuryo, p. 325-336.

Site

www.bibliaeapocrifos.com.br

E-mail

bibliaeapocrifos@bibliaeapocrifos.com.br

EDITORA VOZES LTDA.
Rua Frei Luís, 100 - Centro - Cep 25689-900 - Petrópolis, RJ
Tel.: (24) 2233-9000 - E-mail: vendas@vozes.com.br